乡村产业振兴案例精选系列

全国乡村产业抱团发展典型案例 彩图版

农业农村部乡村产业发展司　组编

中国农业出版社
农村读物出版社
北　京

丛 书 编 委 会

本 书 编 委 会

主　编　王　维　刘　康

副主编　任　曼　王雪琪　肖运来

参　编（按姓氏笔画排序）

王　聪　王志杰　王海平　毛祥飞　付海英

刘明慧　李志刚　何思敏　谷小璐　谷莉莎

张　哲　陈　静　邵　广　武天锋　周　怡

赵晨笛　段文学　高志伟　郭利波

序

民族要复兴，乡村必振兴。产业振兴是乡村振兴的重中之重。当前，全面推进乡村振兴和农业农村现代化，其根本是汇聚更多资源要素，拓展农业多种功能，提升乡村多元价值，壮大县域乡村富民产业。国务院印发《关于促进乡村产业振兴的指导意见》，农业农村部印发《全国乡村产业发展规划（2020—2025年）》，需要进一步统一思想认识、推进措施落实。只有聚集更多力量、更多资源、更多主体支持乡村产业振兴，只有乡村产业主体队伍、参与队伍、支持队伍等壮大了，行动起来了，乡村产业振兴才有基础、才有希望。

乡村产业根植于县域，以农业农村资源为依托，以农民为主体，以农村一二三产业融合发展为路径，地域特色鲜明、创新创业活跃、业态类型丰富、利益联结紧密，是提升农业、繁荣农村、富裕农民的产业。当前，一批彰显地域特色、体现乡村气息、承载乡村价值、适应现代需要的乡村产业，正在广阔天地中不断成长、蓄势待发。

近年来，全国农村一二三产业融合水平稳步提升，农产品加工业持续发展，乡村特色产业加快发展，乡村休闲旅游业蓬勃发展，农村创业创新持续推进。促进乡村产业振兴，基层干部和广大经营者迫切需要相关知识启发思维、开阔视野、提升水平，"新时代乡村产业振兴干部读物系列""乡村产业振兴案例精选系列"便应运而生。丛书由农业农村部乡村产业发展司组织全国相关专家学者编写，以乡村产业振兴各级相关部门领导干部为主要读者对象，从乡村产业振兴总论、现代种养业、农产品加工流通业、乡土特色产业、乡村休闲旅游业、乡村服务业等方面介绍了基本知识和理论、以往好的经验做法，同时收集了种养典型案例、脱贫典型案例、乡村产业融合典型案例、农业品牌典型案例、乡村产业园区典型案例、休闲旅游典型案例、农村电商典型案例、乡村产业抱团发展典型案例等，为今后工作提供了新思路、新方法、新案例，是一套集理论性、知识性和指导性于一体的经典之作。

丛书针对目前乡村产业振兴面临的时代需求、发展需求和社会需求，层层递进、逐步升华、全面覆盖，为读者提供了贴近社会发展、实用直观的知识体系。丛书紧扣中央"三农"工作部署，组织编写专家和编辑人员深入生产一线调研考察，力求切实解决实际问题，为读者答疑解惑，并从传统农业向规模化、特色化、品牌化方向转变展开编写，更全面、精准地满足当今乡村产业发展的新需求。

发展壮大乡村富民产业，是一项功在当代、利在千秋、使命光荣的历史任务。我们要认真学习贯彻习近平总书记关于"三农"工作重要论述，贯彻落实党中央、国务院的决策部署，锐意进取，攻坚克难，培育壮大乡村产业，为全面推进乡村振兴和加快农业农村现代化奠定坚实基础。

前言

　　党的十九大提出实施乡村振兴战略,是以习近平同志为核心的党中央着眼党和国家事业全局,深刻把握现代化建设规律和城乡关系变化特征,顺应亿万农民对美好生活的向往,对"三农"工作作出的重大决策部署,是决胜全面建成小康社会、全面建设社会主义现代化国家的重大历史任务,是新时代做好"三农"工作的总抓手。

　　习近平总书记在中国共产党第十九次全国代表大会上的报告提出,农业农村农民问题是关系国计民生的根本性问题,必须始终把解决好"三农"问题作为全党工作重中之重。要坚持农业农村优先发展,按照产业兴旺、生态宜居、乡风文明、治理有效、生活富裕的总要求,建立健全城乡融合发展体制机制和政策体系,加快推进农业农村现代化。深化农村集体产权制度改革,保障农民财产权益,壮大集体经济。确保国家粮食安全,把中国人的饭碗牢牢端在自己手中。构建现代农业产业体系、生产体系、经营体系,完善农业支持保护制度,发展多种形式适度规模经营,培育新型农业经营主体,健全农业社会化服务体系,实现小农户和现代农业发展有机衔接。促进农村一二三产业融合发展,支持和鼓励农民就业创业,拓宽增收渠道。加强农村基层基础工作,健全自治、法治、德治相结合的乡村治理体系,培养造就一支懂农业、爱农村、爱农民的"三农"工作队伍。

　　全国乡村产业抱团发展典型案例是各个省份所属企业在抱团发展工作中积累的宝贵经验，这些成绩的取得，凝聚了全党全国各族人民的智慧和心血。农业农村部乡村产业发展司从全国范围内征集了200多个抱团发展典型案例，由中农智慧（北京）农业研究院组织专家团队进行评审，以利益联结紧密度、农村居民人均可支配收入以及带动农民增收的质量为评判标准，最终评选出24个乡村产业抱团发展典型案例汇编成此书，进行发布并优先进行宣传推广。特别说明：本书所引案例及涉及品牌只为内容说明需要，未对其经营及产品质量进行考察，对此不持任何观点，仅供参考。全国乡村产业抱团发展典型案例既是对带动当地产业发展成就的总结和展现，又可对日后其他地区抱团发展提供借鉴和可复制的路径模式，促进逐步实现共同富裕，进而推进乡村全面振兴，谱写鲜活生动的乡村振兴新篇章。案例展现出我国农业通过抱团发展取得成效、推动全面建成小康社会、助力乡村振兴的有效途径，在实践中形成的经验为有效解决产业发展缓慢这一难题提供了科学的方法。中国的经验可以为其他发展中国家提供有益借鉴，为全球农业事业贡献中国智慧。

　　由于水平有限，书中疏漏之处在所难免，敬请读者批评指正。

编　者

2022 年 12 月

目 录

第四章　"企业＋合作社＋家庭农场＋农户"发展模式 / 159

附录 / 182

第一章 "企业+农户"发展模式

河北廊坊：康达畜禽养殖有限公司

> **导语：** "立足于农、服务于农"是康达畜禽养殖有限公司（以下简称"康达公司"）的办企宗旨。多年来，康达公司以"公司+银行+基地"的肉鸡养殖合作模式、"七统一"的管理运作模式与养殖户"抱团"发展，促使生产、经营、销售一体化，使企业与农户之间结成紧密的利益共同体，形成稳固的产业链，向产业链要效益，从而实现互利共赢，带动和扶持了千余户农村养殖户谱写了"共同创业致富"的新篇章！

一、主体简介

康达公司本着"健康为基，达人达己"的核心理念，坚持"富民、厚德、务实、超越"的企业精神和"立足于农、服务于农"的办企宗旨，致

力于现代肉鸡产业发展。康达公司于 2003 年 3 月注册成立，注册资金
5 000 万元。通过"公司＋银行＋基地"的肉鸡养殖合作模式、"七统一"
的管理运作模式，实现了集饲料加工，种鸡饲养，肉鸡孵化、养殖、屠宰
加工、冷藏配送及销售于一体的现代肉鸡全产业链经营模式。现已实现年
孵化肉鸡 4 000 万羽、年屠宰加工肉鸡 4 000 万只、年产饲料 30 万吨、年
转化玉米等原料 18 万吨，成为带动农民增收致富的支柱企业。

公司的产业化发展得到了社会各界的广泛认可，先后被评为河北省
农业产业化重点龙头企业、国家级农业产业化重点龙头企业、全国农产
品加工示范企业、全国畜牧业百强优秀企业等荣誉称号，公司生产的
"康达基"系列产品被评为河北省名牌产品，并获得了河北省著名商标
等荣誉称号。另外，以公司为核心企业的廊坊康达畜禽产业联合体于
2017 年 1 月被河北省农业产业化工作领导小组认定为省级示范农业产
业化联合体。

产业情况	现已实现年孵化肉鸡4 000万羽、年屠宰加工肉鸡4 000万只、年产饲料30万吨、年转化玉米等原料18万吨，成为带动农民增收致富的支柱企业
荣誉称号	河北省农业产业化重点龙头企业、国家级农业产业化重点龙头企业、全国农产品加工示范企业、全国畜牧业百强优秀企业等荣誉称号

为进一步加强和发挥各项资源优势，创立河北乃至全国品牌，针对市

场需求进一步挖掘市场空间，公司通过了 HACCP 食品安全管理体系、ISO 9001：2000 国际质量管理体系、ISO 14001 环境管理体系认证、OHSAS 18001：2007职业健康安全管理体系认证。公司通过生产自动化、工艺标准化、品质控制规范化等措施严格控制产品质量，公司生产的相关鸡肉产品以"新鲜、安全、无激素、无疫病"等特点深受广大消费者认可，现已通过禽类产品进京、进沪、进津备案审核。

二、主要模式

1. 发展模式及策略

（1）"龙头企业＋规模农场（农户）"的契约模式。公司与养殖户签订保价合同等市场化运作渠道，签订保价回收合同，由龙头企业为养殖户统一鸡雏、饲料、药品等饲养成本，并全程免费提供技术指导工作，与肉鸡养殖户建立契约式订单生产模式。已将业务从廊坊拓展到沧州、保定及衡水等地，现已建成廊坊及周边县市最大的标准化肉鸡养殖基地。

（2）"公司＋银行＋基地"的融资模式。公司与当地农村信用合作社、惠民村镇银行、张家口银行等金融机构合作建立了"公司＋银行＋基地"的金融支撑体系，并免费为符合条件的资金需求养殖户提供每户不高于200 万元的 1～2 年期担保贷款，用于养殖业流动资金或进行设备改造升级，有效缓解了农业生产资金不足问题，累计授信额度现已达到 3.8 亿元，极大地带动了周边农户自主创业的热情和信心，带动成效显著。

（3）"廊坊＋阜平＋衡水"的扶贫模式。公司到保定阜平及衡水安平等地进行产业对接，带去了成熟的养殖模式、资金及技术等支持，通过政府引导、农户自筹、信贷扶持、政策补贴和企业帮扶的经营模式，通过"公司＋农户"的合作模式，通过肉鸡产业不断地发展带动、提档升级，公司提供鸡雏、饲料、技术服务并负责鸡毛回收，进行全产业链对接，使养殖户不断取得好的经济效益，从而实现脱贫，打开了从安次到保定阜平、衡水饶阳等地产业精准扶贫的新局面。

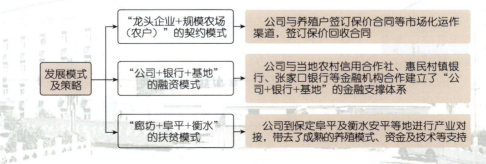

2. 主要做法

（1）在与农户抱团发展上的主要做法。一是产加销一体化，解决农户的后顾之忧。公司充分利用养殖、饲料生产、加工技术及产业发展优势，采用"公司＋农户"的经营模式，实行"七统一"（统一供雏、统一饲料、统一用药、统一回收、统一结算、统一服务、统一设计）的管理机制，以优惠的价格为养殖户提供优质的雏鸡和饲料，并在技术服务上给以 24 小时无偿技术支持，开辟了一条集"种、养、加工、贸易"于一体的现代农业产业化发展道路。按照龙头带基地、基地连农户、产加销一条龙的经营原则，大力发展肉鸡养殖，实现产加销一条龙，极大地调动了周边养殖户的积极性。目前，已初步形成一个市场＋基地、基地连农户的产加销一条龙的管理体制和运行机制。在公司的影响和带动下，公司的肉鸡年放养量已达 4 000 多万只，订单养殖范围已经扩展到廊坊、保定、衡水等地，扶持建立了年出栏肉鸡 20 万只以上养鸡场 90 个、10 万只以上养鸡场 180 个、小规模肉鸡场 400 余个，还建立了饲用玉米供应基地，年种植面积达 6 万余亩*，带动种植户约 1.6 万户，通过种养业带动农户创收 60 000 余万元，解决农村劳动力 3 000 余人，有力地推动了地方经济发展和农村经济结构的调整。

二是企业担保，解决农户实际困难。"公司＋农户"的产业组织模式已成为农业供应链的一种重要形式，因其在降低交易费用以及减少交易不确定性等方面具有独特的功能，可很好地解决"小农户、大市场"的矛盾。然而，这一模式的发展扩大面临着一个重要的问题：广大农户缺乏启动资金。由于农业的弱质性约束、实际财产分布约束、抵押担保品产权交易市场约束、担保手续的法律及相关服务约束等造成了农户贷款的担保问题较难解决。在"公司＋农户"这种组织模式中，龙头企业的特殊地位决定了其作为农户贷款担保方的独特优势，可以克服其他各种担保模式中的不足，而且可以很好地解决银行面临的问题。首先，龙头企业和银行签订担保框架协议，建立信用体系。然后，农户向企业提出担保申请，企业组织相关人员对农户的养殖水平、养殖规模等进行实地考察，对于符合条件且有还贷能力的农户，企业形成相关材料推荐给银行。最后，银行对企业资质等进行考察，考察合格后银企共同对养殖户的还贷能力等进行实地考察，与符合放贷条件的农户签订三方协议，从而发放贷款。

通过龙头企业担保，可以降低农户合作的经济门槛，使有能力、肯吃苦的农户加入"公司＋农户"的合作中，使更多的农户获益，并使每个农

---

* 亩为非法定计量单位，1 亩≈666.67 平方米。

户获得更高的期望利润。这种方式有效地解决了农户在养殖过程中的资金短缺问题,缓解了农户资金压力,有利于农户扩大养殖规模,同时增加了银行发放贷款的信心和积极性。

三是产业扶贫,带动更多农民脱贫致富。产业扶贫可以帮助贫困地区解决生存和发展问题。这些贫困地区靠传统农业一直都没有解决温饱问题,救济式扶贫也不能解决根本问题,而产业扶贫可以使这些地方的贫困人群由"输血型"向"造血型"转变。通过推行"公司＋农户"等模式,积极引导和组织农民同龙头企业联姻,实现小生产与大市场的有效对接,提高农民组织化、合作化的程度,促进产业化进程。通过发展大农业,形成一个集农产品生产、加工、销售于一体的产业链。

为深入贯彻落实习近平总书记到阜平考察的讲话精神和河北省委号召,帮助革命老区人民脱贫致富、尽早实现产业化发展,公司决定到阜平投资兴业。根据阜平民众的实际意愿及康达公司的自身情况,康达公司凭借自己多年的实践经验,帮助阜平实现肉鸡产业对接,并尽可能地帮扶更多农户搞好肉鸡饲养,为老区人民早日脱贫致富贡献一份力量。公司通过政府引导、农户自筹、信贷扶持、政策补贴、企业帮扶的经营模式,采取先示范、再推广的做法,让一部分农户建设鸡舍、饲养肉鸡。通过肉鸡产业不断地发展、带动,农户也会不断地提档升级,取得了较好的经济效益,从而实现了脱贫。为减轻和缓解农户前期投资压力,吸纳更多农户参与,公司为农户垫付雏鸡、饲料、防疫等资金,待农户交鸡结算时再还贷及返还垫付资金。除垫付周转资金外,还全程派技术人员巡回指导农户饲养,定期防疫,举办技术培训班,提高农户饲养水平,降低农户饲养风险。

产加销一体化,解决农户后顾之忧	以优惠的价格为养殖户提供优质的雏鸡、饲料,并在技术服务上给以24小时无偿技术支持,开辟了一条集"种、养、加工、贸易"于一体的现代农业产业化发展道路

企业担保,解决农户实际困难	龙头企业和银行签订担保框架协议龙头企业担保

产业扶贫,带动更多农民脱贫致富	公司通过政府引导、农户自筹、信贷扶持、政策补贴、企业帮扶的经营模式,采取先示范、再推广的做法,让一部分农户建设鸡舍、饲养肉鸡

为最大限度地让利于民，减少农户交鸡途中的费用与损失，康达公司采取就地检斤的办法，让农户不出门即可实现交易，从而保证肉鸡产业健康有序地发展。

（2）在完善自我、提升企业实力、更好带动农户发展上的主要做法。一是做品牌，打响"康达基"名号。为扩大"康达基"品牌的影响力和知名度，康达公司根据产品市场定位和企业发展需求，一方面，加强 www.kangdaji.com 网页设计宣传，加大电视、报刊、户外广告等传统形式宣传，积极开拓网络宣传，在京东商城、阿里巴巴、天猫等知名网站进行广告宣传，使"康达基"品牌形象深入人心；另一方面，对现有品牌的设计、定位和产品包装进行再完善。通过参加国家级、省级农业品牌评选相关活动，参加河北品牌农产品万里行、中国（廊坊）农产品交易会等大型展会，开展专题推介，展示"康达基"优质产品，塑造"康达基"良好品牌形象。

　　二是建体系，保障"康达基"安全。通过近几年的发展，康达公司深刻认识到，食品的质量与安全是第一位的，无公害、无污染食品是今后食品行业发展的基本趋势。为此，在养殖环节，公司发展主要采取"七统一"的订单式、集约式发展模式。通过龙头企业与养殖户签订保价合同等市场化运作渠道，由龙头企业为养殖户统一雏鸡、饲料、药品等饲养成本，并全程免费提供技术指导。通过这种合作模式引导养殖户完善各项生产记录和养殖场备案手续，明确其法律责任和主体地位，将现有养殖户提升为肉鸡养殖"农场主"，形成"龙头企业＋养殖场"的生产模式，从根本上将食品安全风险降到最低。在产品加工环节，康达公司制定了严格的卫生防疫制度，并成立了以加工厂厂长为组长的卫生监督小组，对进厂的每一只鸡都进行严格的检验检疫，坚决杜绝病鸡、死鸡进入生产区，制订了禽类屠宰 HACCP 计划和实施方案并严格执行，从各个环节控制产品质量，确保产品的安全性。公司通过了 ISO 22000 食品安全管理体系、ISO 9001 质量管理体系、ISO 14001 环境管理体系和 OHSAS 18001 职业健康安全管理体系认证。公司通过生产自动化、工艺标准化、品质控制规范化等措施严格控制产品质量，成立了专门的产品出厂检验化验室，对出厂的产品进行严格的食品化验，确保产品的质量安全。

　　三是强科技，提升"康达基"品质。为提升"康达基"品质，满足消费者不断提升的消费需求，康达公司先后与中国农业科学院饲料研究所、

北京农学院、河北农业大学、天津农学院等国内知名科研院所合作，建立了产学研基地，开展关键技术攻关和指导服务。同时，组建了涵盖饲料原料、饲料产品、免疫抗体检测、药残检验及产品化验的综合实验室，并按照国家及行业相关标准的规定严格执行，借助科研院所丰富的人员、技术资源，切实保证产品质量。另外，还设立并推进了安次龙港颐园·星创天地科技孵化基地建设，为公司产品研发提供了强大的技术体系，加快科技成果的转化进程，助力产业升级，现已获得国家级备案。

同时，康达公司与中国农业科学院饲料研究所合作共同设立了河北康达饲料创新平台，主要在饲料生物技术研究与应用、饲料添加剂开发与应用、饲料资源开发与评价、畜禽饲料营养研究、饲料生物安全及试验设施建设、高级人才基地建设等方面开展工作，以进一步提升企业的研发能力和水平。

公司目前拥有自主产权专利 7 项，分别为一种鸡用饮水装置、鸡用进食称重台、饲料混合振动输送装置、新型通风鸡舍、便携式鸡舍除粪装置、便捷式养殖用鸡笼和鸭用饮水装置，并已在国家知识产权局取得了实用新型专利证书。这些拥有自主知识产权的新技术、新设备实现了肉鸡养殖的现代化专业化生产；同时，也使"康达基"系列产品的肉更嫩、味更美、营养更丰富。

河北省农业科技园区
Hebei Agricultural Science and Technology Zone
河北省科学技术厅

　　四是重安全，让"康达基"绿色发展。公司建立之初就有自己的发展宗旨：第一，产品安全；第二，环境安全。

　　在产品安全上，从源头严格控制肉品质量，在饲料生产环节狠抓玉米、豆粕等原料质量，建立了自己的玉米种植基地60 000多亩，饲料化验室能够独立进行饲料原料及成品料中水分、灰分、蛋白质、脂肪、霉菌等20余项成分的检测；狠抓肉鸡质量，有孵化场提供优质健康鸡苗，有动物保健部保障种禽疫病预防、诊断治疗和抗体检测。在生产环节上，严格生产标准，车间全部封闭式自动化生产，通过了HACCP食品安全管理体系、ISO 9001国际质量管理体系的认证，真正做到了产品"新鲜、安全、无激素、无疫病"。减少污染，建立肉鸡产业循环发展体系是康达公司已经在做并决心做好的一件大事：以种鸡场、孵化场为出发点，将鸡粪、废水经环境处理后直接用于基地有机生产；羽毛、血肠等副产品经消毒后深加工为动物粗蛋白，用于饲料生产，从而形成科学、环保、节能的中小型生态循环经济圈。目前，公司现已建成鸡粪-秸秆有机肥项目，年可直接处理鸡粪12万吨、农作物秸秆6万吨，可有效解决周边农村肉鸡养殖户的鸡粪处理和农作物秸秆处理的难题，极大地减轻了周边环境污染的压力，同时，通过有机肥的推广应用，可有效改良土壤、增加土地肥力，直接带动有机种植基地3万余亩。建成主要辐射廊坊市广阳区、安次区和经济开发区的病死畜禽无害化处理区域，日最大处理病死畜禽能力可达到5吨，为产业的生态友好型发展奠定了基础。

三、利益联结机制

通过"公司＋农户"的肉鸡养殖模式，采取"七统一"的运作方式，结合广大养殖户的实际情况和肉鸡饲养的成本，由养殖户自行出资建造鸡舍，康达公司与养殖户签订保价合同等，为养殖户统一雏鸡、饲料、药品等饲养成本，全程免费提供技术指导，并与肉鸡养殖户建立契约式订单生产模式，有效帮助养殖户降低了市场风险、增加了收益。公司扶持建立了

年出栏肉鸡 20 万只以上养鸡场 90 个、10 万只以上养鸡场 180 个、小规模肉鸡场 400 余个。公司在东沽港、得胜口、调和头、葛渔城等分别建立了饲料玉米供应基地，种植面积 6 万余亩，带动种植户约 1.6 万户。带动利养农户创收 60 000 余万元，解决了农村劳动力 3 000 余人。这种农业产业化经营模式有力地促进了当地农业产业结构的调整，大大地促进了畜牧业的发展，促进了粮食转化，活跃了农村经济，增加了农民收入，带动了农民致富。

同时，为帮助农户解决产业发展投入资金缺乏等实际问题，各级主管部门协调龙头企业为养殖户提供担保，帮助肉鸡养殖户引进金融资本，引导龙头企业与当地农村信用合作社、惠民村镇银行及肉鸡养殖户建立"公司＋银行＋农户"的金融支撑体系，为符合条件的养殖户办理担保贷款，用于养殖业流动资金或进行设备改造升级，有效缓解了养殖户的资金不足问题，提升了当地肉鸡产业集约化、规模化发展水平，推进现代农业产业化集群集聚发展。

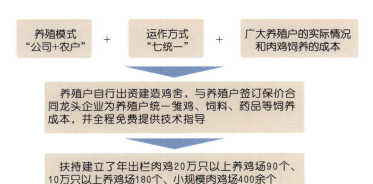

四、主要成效和启示

"龙头企业＋规模农场（农户）"抱团发展模式，不但实现了企农双赢，更为重要的是，有效地带动了产业发展。

1. 发展了企业 目前，康达公司资产总额达 5.3 亿余元，其中，固定资产 2.45 亿元，实现年孵化肉鸡 4 000 万羽、年屠宰加工肉鸡 4 000 万只、年产饲料 30 万吨、年转化玉米等原料 18 万吨，年销售收入 8.5 亿余元，实现利税 3 800 余万元。

2. 富裕了农民 通过"龙头企业＋规模农场（农户）"产业模式，康达公司与养殖户签订保价合同等市场化运作渠道，签订保价回收合同，公司的肉鸡年放养量已达 4 000 多万只，订单养殖范围已经扩展到廊坊、保定、衡水等地，带动农户创收 60 000 余万元，解决农村劳动力 3 000 余人。同时，康达公司与农户联结方式由过去的订单、合同形式发展到贷款担保、承贷承保、赊购赊销等更紧密、更规范、更稳定的利益联结关系。通过订单、入企打工等方式，有力地促进了农村劳动力向城镇和二三产业转移，拓宽了农民增收的渠道，实现了"离土不离乡、就业不离家、进厂不进城、就地市民化"。

3. 优化了产业 按照廊坊"优牧控畜"的总体要求，通过技术提升、科技应用和现代化设备引入，促进了肉鸡养殖与外部环境的和谐友好发展，康达公司成为廊坊区域内肉鸡产业的先进典范，有力地推动了地方经济发展和农村经济结构的调整，促进了粮食转化，促进了本地区畜牧产业优化发展。

辽宁盘锦：千鹤绿色农业产业联合体

> **导语：** 2 600个农户、35 800亩稻田、40多家相关企业与辽宁盘锦千鹤米业公司（以下简称"千鹤"）组建以企业为龙头、农户为龙身、关联企业为龙尾的"千鹤绿色农业产业联合体"，共同打生态牌走融合路，为消费者提供着生态、安全、健康的郁鑫香、天禹、盘鹤的高中低三大系列品牌大米，破解了农民增收难和恢复生态难两大难题，收到了企业做强、农民致富、食者安全、生态恢复的效果。

一、主体简介

联合体的龙头是盘锦千鹤米业有限公司，坐落在辽宁省盘锦市大洼区清水镇。这里是盘锦大米的核心产地，素有"湿地之都，水稻之乡"的美誉。

公司自1997年创建以来，泽润于盘锦百年稻作农耕文化，树立"诚信""质量""服务""品牌""创新""责任"六大核心价值观，形成独具特色的稻米产业文化和全新的经营理念。坚信"好米源自好产地""好米才能卖好价"，坚定不移走生态绿色品牌之路，把"生态绿色"蕴含于每个环节，将传统种植与现代农业机械化种植工艺相结合，精心打造从田间到餐桌的绿色产业链，建立产品从田间到餐桌的全程质量管理及信息溯源管理体系。

拥有以郁鑫香、天禹、盘鹤的高中低三个档次三大品牌为主，以稻花香、丰锦、秋田小町等品牌为辅的一系列品牌产品。企业和产品先后获得国家、省、市明星企业、名牌产品、名牌农产品等多项殊荣。1 800亩水稻取得有机认证。产品通过线上线下、认养农业等方式，销往北京、重庆、山东、上海、广东、福建等30个省市，还在国内100多个大中城市的大超市落地生根，年销量连续5年达6万吨以上。千鹤已成为一家集水稻种植、收储、加工、研发、物流、农旅于一体的集约化集团式省级农业产业化重点龙头企业。

联合体的龙身是2 600个农户，盘锦大洼原是国有农场群，实行承包到户后，一般每个农户承包土地面积13亩左右。随着上一代人的逐渐失劳，加之仅靠种承包地难以维系家庭生活，土地流转、入股企业、请企业代耕、农业走机械化集约化规模化是必由之路。

联合体的龙尾是与绿色农业相关联的 40 多家企业或行业部门。

二、主要模式

1. **模式概括** 千鹤经过 5 年的探索与实践,与周边的清水镇、赵圈河镇、新兴镇、三角洲镇 4 个乡镇的 2 600 多农户,依实际情况采用以下 5 种联合方式。

(1) 土地入股式。永红村有 25 户 800 亩地,以每亩地作为 1 股将土地入股公司。入股后,每年分一次股红,公司明确保底股红不少于 1 000 元。此 800 亩建绿色农业示范园,独立经营核算,依当年经营情况决算,另有红利。这种方式农民稳收多得,企业不需先垫付资金。

(2) 土地流转式。千鹤流转邻厂区小清村的 55 个农户土地 1 000 亩,建设了千鹤荷兰国际风情园,用于农业(各种微量元素肥料)试验示范、农业休闲观光旅游和研学旅基地。流转费每亩每年 800 元,一次性付清 3 年流转费,每 3 年一次双方议价,加之国家给的地力补助金等,农民每亩每年收入近 1 000 元。

(3) 先流转后返还原农户耕种式。以每年每亩 800 元流转三角洲镇、新兴镇、清水镇 3 个乡镇的大清村、小清村、西海村、圮子里村的 400 户农民的 4 000 亩土地,公司对外认养农业用。这部分土地由原农户按公司的《技术规程》种养,所产水稻年初协定产量每亩 650 千克,秋后按市场价由公司收购,超过部分每千克按市价另加 0.4 元收购。这样农民每年每亩格外收入 800 元,加之养蟹每亩收 800 元,每年每亩收入可达 3 500 元以上,种养收入翻番增加。而公司以每年每亩 3 000 元认养出去,每亩从中获利可达 1 000 元。认养人每亩得到 300 千克各环节可监控的放心"天禹"牌大米,每千克只需 10 元,且全年随时快递到家。

(4) 订单合同式。与赵圈河镇、清水镇、三角洲镇的盛兴村、南岗子村、永红村、五岔村 4 个村 10 个种植合作社 800 个农户,年初以签订《生态绿色水稻种植收购合同书》的方式合作 9 920 亩。合同约定,按公司种植规程生产的水稻在以比同期市价每千克加 0.4 元收购。农户每年每亩仅水稻种植就可增收 300 元,直接促农民增收 450 万元。这部分水稻用于打造中高端米,每斤*销价 5 元以上,是普通米的 2 倍多,很受消费者青睐。

(5) 示范辐射带动式。以《战略合作伙伴》合约方式与清水镇、三角洲镇、赵圈镇 3 个镇共 5 个村 10 个合作社的 1 000 个农户联合。约定内容主要是公司为农户有偿(厂价)提供水稻良种、有机肥、微量元素肥(硅

---

* 斤为非法定计量单位,1 斤=500 克。

肥、硒肥、碳氢核肥、生物肥）和技术，公司提供技术培训，所产水稻公司以高于市价每斤 0.05 元优先收购，每亩多收入 75 元。农户也可自主销售，联合解决农民储粮难、卖粮难问题。

2. 核心理念与发展概况 "好粮源、精加工、品牌卖"，大家才有好发展。

（1）达成一个共识，强化一个理念。千鹤与农民在发展中达成一个共识："谁种植生态绿色大米，谁就能在市场生存下去，不然就是走进死胡同。"强化一个理念："好米源自好产地""好米才能卖好价"，精诚合作，共同做强从田间到餐桌的绿色产业链。千鹤时时事事为农民着想，采取先行垫付资金、送肥、送技术、送服务等一系列举措，让农民看到合作的诚意和收到实实在在的好处。农民由最初的疑虑到主动上门加入合作，千鹤也收到了理想的生态绿色粮源。三角洲镇某一种粮大户有 280 亩稻田，连续 5 年不用化肥、农药，只施用豆粕和生物肥；稻田里除河蟹还有野生鱼、虾、泥鳅、青蛙，恢复了原生态。此地生产的大米通过了有机认证，每斤大米售价 20 元仍供不应求，这就是好米卖好价的例证。

（2）办好一个商会，造就一个效应。"千鹤绿色农业产业联合体"的组建，很快出现了"马太效应"，相关联的企业集聚而来，先后有中化（肥业）集团、史丹利肥业来合作提供有机复合肥，山东瑞邦生物富硒肥业带来富硒肥技术，中山市骏业佳特农业科技有限公司来提供硅肥，营口世兴生物肥业送来生物菌肥，山东金龙珠碳氢核肥业送来碳氢核肥，还有辽宁省盐碱地科学研究所、盘锦北方许雷种业公司提供最佳良种，盘锦政华农机公司提供优价农机，京华旅行社、盘锦市文旅集团、盘锦光合蟹业文旅中心来洽谈农业休闲游、农业体验游、研学旅行等，物流企业、中国网库等网络传媒企业亦来此集聚加盟，为联合体既带来新技术手段又降低种养成本。

金融和科学部门围绕农业农民做强业务找到抓手和途径，银行资金通过支持企业方式间接支持了农民，千鹤每年收储粮食、统一购肥、流转农民土地等需要大量资金，邮政储蓄银行、农业发展银行因千鹤拥有超亿元的资产和加工销售能力，早已确定为项目合作单位，并为其提供足量贷款。辽宁省农业科学院把千鹤作为项目基地，时常派专家指导生态绿色生产。有农科院的支持和具体指导，千鹤订单生产稻田全部使用有机肥作底肥，辅以生物肥、硅肥、硒肥、镁肥，利用灯光诱捕等生物和物理技术防治水稻病虫害，加之稻蟹共生，原生态得到了很好修复。在千鹤农业产业园的示范区地块，订单生产稻田里已是蛙声可闻，田间养蟹，田沟里有鱼有虾，逐步回复到 20 世纪 80 年代前的生态。千鹤因势利导，牵头组建盘锦市跨界企业精英联合商会，千鹤为会长单位，吸纳 40 多个企业为会员，共同做"千鹤绿色农业产业联合体"这个大蛋糕。

(3) 建立一个体系，保障一个品质。千鹤建立起以绿色生态为导向的种植体系，在水稻种植中，不再使用单一化肥、农药，改用有机复合肥，严格按国家"绿标"执行，健全农业投入品减量使用制度，推行测土配方施肥技术，强化病虫害统防统治和全程绿色防控，建立农产品追溯体系，构建从田间到餐桌的绿色产业链，实行一品一码，扫码"见绿"，让消费者看得明白，吃得放心。建立系统的"种绿"档案，公司、合作社及农户责成专、兼职人员负责记录，整理水稻种植从秋翻地到秋收各地块使用的各种肥料用品及病虫防治用品的详细数据。并给土地、土壤建档上"户口"，建立检测检验制度。公司通过第三方，按要求定期做米样检测化验，并做到信息透明公开。中国粮食行业协会会长来千鹤调研后高兴地说："从盘锦千鹤打生态牌、走融合路和实施乡村振兴战略中，我看到了盘锦大米增值的希望。"

3. 主要做法

(1) 示范引导。早在 5 年前，千鹤流转邻厂区的 1 000 亩稻田，建成了千鹤荷兰国际风情园，亦是现代农业稻蟹观光园。它既是一个旅游项目，也是一个农业项目，更是一个线下体验区：高高耸立的荷兰大风车，月牙弯形的欧洲贡多拉船，弯曲弧状水中栈道，一公里长稻田慢行系统，河蟹爬行，鱼儿畅游，青蛙跳跃，稻浪翻滚，构成了一幅中西融合的生态田园画卷。该园采用生态种养技术，水稻和河蟹产量都与农户不差上下。千鹤种地员工多为本地农民，让他们现身说教，效果极好。千鹤又用800 亩成方稻田围建简易稻蟹共生示范园，农田基础设施建设投入少，农户投得起、可复制，只使用有机复合肥、微量元素肥、生物肥和稻草还田的农家肥。一年下来，收获的稻、蟹产量与使用化肥、农药时的产量不相上下，为农民示范打样，用事实说话。

(2) 做好培训。为让农民掌握生态种养技术，千鹤组织专家和技术人员依盘锦农业实际情况，编写出《生态绿色种稻养蟹标准技术规程》，作为培训教材，印制 20 000 册，免费发放。同时，千鹤农技人员走入田间进行现场指导。清水镇昌河水稻种植合作社社长闫玉林，2018 年加入联合体，尝到了绿色农业种植的甜头，他兴奋地说："只要按照龙头企业的绿色标准把地种好，就稳稳当当挣钱啦！"

(3) 规范种植。为把住质量关，千鹤在统一发放优质良种、有机肥、生物菌肥、富硒肥和硅肥的前提下，制定了"七定八统一"制度，七定，即定地域、定面积、定品种、定质量、定价格、定等级和定收购；八统一，即统一规划、统一品种、统一管理、统一喷施富硒肥、统一价格、统一收购、统一加工和统一配送。通过制度保障米源良好。

（4）**做好监管**。为避免秋季收购中，农户混入其他米源以及订单地块产少卖多现象出现，千鹤安排专人对各地块产量事前测估。同时，在交稻环节上严把质量关，确保入库稻为生态绿色。

（5）**精加靓装**。生态稻，精加工，靓包装，卖好价。对经过千辛万苦才得到的绿色原粮，千鹤把加工环节视为走上餐桌的"最后一公里"，是由拙朴变鲜亮的过程。在有现代化低温储库和先进加工生产线的前提下，严格工作岗位责任制，要求员工做到精细操作，确保产品优质足量。同时，企业对产品的整形与包装力求新颖、多规格，提升产品的市场形象。

（6）**品牌打造**。"碱地种，蟹田长，一季稻，四季香"，打品牌卖好价是企业的核心任务。千鹤打造的三大系列品牌郁鑫香、天禹、盘鹤都是国内驰名商标。千鹤不放过任何参加展会的机会，通过积极参与中国网库等大型现代网络媒介企业的活动，加大宣传力度，打造好品牌卖上好价钱；通过拼多多、淘宝等网络平台，线上线下多渠道、多触角扩大销售量。

主要做法

三、利益联结机制

千鹤绿色农业产业联合体打生态牌、走融合路，在几年的组合发展中，公司为农户做了他们自己做不了的事，不但让农民省心，而且增效可观。

千鹤走生态绿色发展之路，让农产品提质增效，让农户收到了实在效益。公司流转后返还给农民种的 4 000 亩地，让农民每年每亩多得 800元，共计 400 万元。流转的 1 800 亩地，农民不用种，每年每亩收入近1 000 元，共计 180 万元，且农民优先来厂就业，月工资在 3 000 元左右。以订单方式合作的 9 920 亩地，农民每年每亩多收入 300 元，共计 300 万元。辐射带动户土地 20 000 亩，每年每亩多收 75 元左右，农民多收入达150 万元。4 项合计，农户每年多收入 1 030 万元。另有隐形节约支出（团购肥料、种子、蟹苗等）达 300 万元，合计达到 1 330 万元。由于是绿色种植，所有稻田必须是蟹、稻共生，倒逼农户稻田养蟹。正常年份养成蟹每亩收 40～50 斤，地头批发价每斤 20～30 元，去成本后每亩纯收入 800 元，养扣蟹每亩收 100 斤左右，秋后价每斤 8～12 元，去成本后每亩收入 900 元。养蟹平均每亩收益 850 元，共计 35 800 ＊ 850＝3 043 万元。种稻与养蟹合计每年多收入 4 373 万元，每户增收 1.68 万元。

四、主要成效

1. 生态效益 千鹤绿色农业产业联合体最大的效益是生态效益。由于不再施用原本意义上的化肥、农药，改用有机肥、农家肥、生物菌肥和硒、硅、镁、硅氢核肥等，田间野生鱼、虾、蛙、泥鳅逐渐恢复，几十年听不见的蛙声再现，过去说的有水就有鱼的现象也出现了。

2. 为消费者提供了安全米品 千鹤真正从源头做起，让消费者吃上真正生态绿色品牌的放心大米，保证健康，即使价格高一些，消费者也满意。

3. 培育了企业和农户的诚信核心价值观 农户不能以次充好，企业做到货真价实。千鹤 20 多年来，坚守诚信，不卖一粒陈化粮米、异地米，不缺斤短两，专注质量，做优品牌，使企业由小到大。几年前，一位千鹤产品专卖店的经理看到销售形势好、产品供不应求，提出用黑龙江产米冒充千鹤盘锦大米，为此受到董事长的严肃批评。董事长说："我们做'良心米'，宁可断货也不掺假，谁砸我的品牌，我砸谁的饭碗。"就这样，千鹤品牌越来越响，品牌价值达 30 亿元之多。

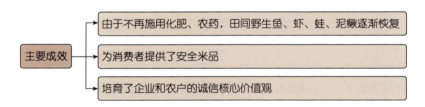

五、启示

1. 恢复生态化变成农民的自觉行动 "绿水青山就是金山银山"，生态保护是一项基本国策，而企业通过利益联结直接推动了生态恢复。大洼区政府因势利导，把"千鹤绿色农业产业联合体"纳入政府实施的"大洼国家现代农业产业园项目之一"，2019 年给予 50 万元资金支持。

2. 提升了土地产出率 稻蟹共生、一地两收、一水两用、一功两管，养蟹成规模、水稻是绿色，助力品牌打造。联合体与盘锦光合蟹业公司联袂打造"东"牌河蟹，畅销全国，实现了"稳粮、促渔、高效、提质、生态"五大功效。

3. **拉动了产业集聚** 农业绿色产业直接促动了"企业＋互联网＋旅游＋金融＋涉农企业＋科研＋种植合作社＋农机合作社＋家庭农场＋农户＋快递＋餐饮＋……"的模式。总之，高效融合一二三产业于一体，有力地推动千鹤向着集约化集团式企业发展。

4. **破解了土壤修复难题** 由于推进使用有机肥、微肥等的现代农业元素，替代了化肥、农药，土壤中的硅、镁、硒、锶等微量元素很快增加，土壤中的农药残留逐渐降解，有利于土壤腐机质增加、地力提升。经过几年的实践，不用化肥、农药，粮食亩产接近使用化肥、农药的水平。

5. **促进了农产品溯源** 在大洼区农监局的大力支持下，示范园和认养地块都安装 App 远程监控，所有产品都有追溯二维码，认养人用手机随时监控认养田里的情况，消费者扫码可追溯到产地。

6. **促进资源聚合、信息要素共享** 联合体就是经济利益共同体，聚集资源，促进企业发展壮大，信息分享各方共赢。企业为农户做了代耕代储、金融贷款、统防统治、托管服务、技能培训、信息传递等，以实事担当做强龙头带动龙身，商会作为龙尾驱动龙身，龙头、龙身、龙尾共舞，共筑中华民族伟大复兴的中国梦。

吉林德惠：德翔牧业有限公司

导语：中国农业问题不仅是农民自己的问题，而是共同的社会问题。没有内外部的严峻状况，不会有抱团取暖的应对策略。德惠市地处玉米主产区，既有利也有弊，如种植结构单一、无法多元经营、农业产业化发展滞后、玉米受国际市场冲击明显等。尽管国家积极出台补贴政策，保护农业种植主体的基本经济利益，避免"谷贱伤农"，但在解决根本问题上仍要靠本地具体的行之有效的实践办法。

德惠市树立大农业观念，以德翔牧业有限公司（以下简称"德翔"）为引擎，"公司＋农户"的产业战略联盟应运而生，推动粮经饲统筹、农牧结合、种养加一体推进农村一二三产业融合发展，形成产业共同体，在农民与养殖企业之间架起了桥梁，充分利用本地丰富的粮食资源和牧业资源，让两大农业系统的各个经营主体抱团取暖，构建"粮饲兼顾、农牧结合、循环发展"的新型种养结构，破解发展难题。

一、主体简介

德翔集饲料生产、种禽繁育、肉鸡放养、屠宰加工、粮食购销加工等于一体，是一家贸工农一体化、产加销一条龙的农业产业化国家级重点龙头企业。

公司坐落在吉林省德惠市经济开发区内，成立于 2007 年 9 月，注册资本 1 亿元，目前拥有员工 1 167 人。公司建设有父母代种鸡场 5 座、孵化场 1 座、饲料厂 1 座、现代化肉鸡养殖场 3 座。

公司以工业的经营理念谋划农业，围绕种养加一条龙，现代粮食仓储、物流两大业务项目，投资建立或整合相关产业环节（粮食种植、粮食物流、种鸡饲养、种蛋孵化、饲料加工、肉鸡放养、屠宰加工、肉鸡销售、鸡血生物、羽毛粉加工、粪肥加工等），建立全链条的产业优势。通过建立粮食物流公司、饲料公司、农牧专业合作社、屠宰加工厂等有效实施纵向一体化经营，通过"公司＋基地＋合作社＋家庭农场"的形式，把种养农户纳入产业链的种植和饲养环节，从而实现农业生产的标准化、规模化、集约化和商品化，形成产业链条完整、农牧结合、工农联合、经济发达的一二三产业融合的现代循环农业，有力地激发德惠市农业经营主体的内生动力，实现了产业带动群众致富的新图景。

二、主要模式

"一双筷子轻轻被折断，十双筷子牢牢抱成团……"，歌曲《众人划桨开大船》唱出了联营合作的重要性。在新农村建设的大环境下，为谋求产业多元化发展、开拓增收渠道、抵御市场风险、保障农民收入稳中有升，德翔积极探索"龙头企业＋合作社＋农户"的合作模式，为农民创造了新的收入增长点。在为社会奉献健康、安全、营养的禽肉产品的同时，公司积极发挥龙头企业的优势，带动万人创业创新，利用有限的资源，让过去各自为营的农户抱团取暖，通过合作共赢让农民走上了致富增收之路。

1. **模式概括**　一段时间以来，农村还存在着大量的小农户。小农户的生产经营面临着很多难题，他们的规模比较小、效益不高，经营比较分散，面临的市场风险很大。通过龙头企业"牵头"、合作社"搭桥"、农户"参与"的模式，企业找到了发展方向，合作社的"空壳"得到破解，农户的积极性也受到激发，带来高效应的发展，从而打造出德惠市农业产业发展的新格局。

从形式上看，"龙头企业＋合作社＋农户"抱团取暖、产业联合的模式，第一是需要龙头企业对产业链延伸进行改革，让参与者真正分享产业链延伸、产业功能拓展的好处，进而建立互惠共赢、风险共担的紧密型利益联结机制；第二是合作社必须充分发挥其"连龙头带农户"的桥梁优势作用，承接企业的生产任务，集聚农户手中的各类资源，有效组织农户进行生产；第三则是农户积极发挥其生产主体的作用，实现小农户与现代农业的有机衔接。

在目前的农业产业实践过程中，产业联合共同推动产业链上下游长期合作，稳定经营预期，加大要素投入，开展专业化、品牌化经营，节省企业与农户交易的成本，增进双方的利益联结机制，具有重大效能。

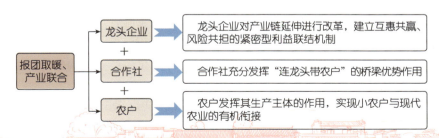

2. **发展策略**　20 世纪 90 年代，德翔创始人王世强先生与肉鸡产业龙头吉林德大有限公司建立业务来往，并成为其主要粮食饲料供应商。此次

合作，使德翔深刻体会到贸工农一体化、产加销一条龙、农村一二三产业融合发展、"公司＋基地＋家庭农场＋农户"企业模式的精髓、实质和力量，并在德惠市及其周边起到了积极的示范效应，锻造了多种农业经营主体联合报团取暖、合力推进农村一二三产业融合发展的势能。充分挖掘本地丰富的玉米资源和肉鸡养殖资源，坚定不移地走"玉米＋肉鸡"的产业互补发展之路。

肉鸡养殖在德惠市及其周边地区发展很快，本地域多数百姓懂养鸡技术又愿意养鸡，而且懂技术会管理的人才也比较多，有强大的管理人才队伍和技术人才队伍作支撑，最主要的是畜牧业是德惠市的支柱产业，市委、市政府和主管部门对畜牧业非常重视，投资环境和投资政策相对宽松，促使很多有识之士在德惠市发展畜牧业，德惠市也因发展养殖业给老百姓创造了巨大财富。同时，也间接地给地方财政创造了巨大财富，所以在德惠市及其周边发展肉鸡一条龙产业符合实际，而且前景光明。

德翔率先依托当地土地资源、农牧业资源，以品牌为驱动，以肉鸡产业链优化发展为核心，以粮食现代物流为基础和依托，以放粗每一环节、拉长整个链条为主要任务，不断创新商业模式，积极整合多元资源，打造系统合力，着力建设一个战略、一个品牌、一套模式、一套制度，制定和实施统一的组织体系、流程体系、制度体系、标准体系、指标体系，实现"绿色种植-绿色养殖-回收-深加工-品牌终端"的从农田到餐桌的农业产业链循环经济，致力于打造国家级农业产业链循环经济领导品牌。

经过 10 多年的联合发展，德翔总结了六大抱团取暖模式的联营策略及步骤。

（1）"1＋1＋1＞3"。德惠市多年来一直以玉米为主体产业，在农业农村发展的实践中，发现单一经营主体"单打独斗"存在诸多问题：农牧企业原材料供应不稳定、质量难以保障；家庭农场存在技术、资金、市场等问题；合作社缺少稳定的服务对象，效益难以保证。上述问题，需要通过"以企业为龙头，家庭农场为基础，农民合作社为纽带"抱团取暖的现代农业产业化联合体的模式加以改变；企业通过与家庭农场联结，建立稳定的生产基地，既确保了原料稳定供给，又减少了原料采购中间环节，节约了成本；同时，企业指导监督家庭农场开展标准化生产，从而保障了企业对农产品质量安全的要求。

由德翔牵头，联合农民专业合作社及家庭农场，抱团成立了产业化联合体；从"单打独斗"走向抱团共赢，增强了农业竞争力和抗风险能力；形成了具有综合竞争力的"农业航母"，在融合发展中达到了"1＋1＋1＞3"的聚变效应。

（2）共享理念＋共同合作＋共同收益＋共担风险。"企业＋农户"的联合体内部既要兼顾各方利益诉求，形成"龙头企业＋农民合作社或家庭农场"的合作模式，通过规模化的产品供销、作业服务等节本增效途径让利于农民合作社、家庭农场和专业大户的利益共享机制，以共同出资建立风险基金的风险分担机制，又要让家庭农场成为联合体经营最大的受益者，因为农场背后关联着千家万户农民兄弟的直接利益，加入德翔牧业联合体后，家庭农场主和农民专业合作社都会从中受益匪浅。

（3）互相服务＋互相支撑＋互相依靠＋互利共赢＋共同发展。在德惠市域内用抱团取暖模式为"三农"增收增效，这个建设一直在持续进行，范式在不断升级变化，从"公司＋农户"模式到"公司＋合作社＋家庭农场"的"农业产业化联合体"模式。

这就要求作为龙头企业的德翔与各合作社和家庭农场首先达成理念共享，把建设农业产业化联合体的本质要求充分体现出来，把带动农业产业发展和农民增收作为基本宗旨。

通过实行"公司＋合作社＋家庭农场"的联合体经营模式，凭借德翔强大的加工、技术、市场和品牌优势，集聚一批养殖大户、家庭农场和上下游关联企业，建立紧密的产业、要素、利益联结机制，充分发挥市场配置资源的决定性作用。在联合体内部构建利益共享、风险共担的责任共同体、经济共同体和命运共同体，使产业发展不断为德惠农业造福，形成互相服务、互相支撑、互相依靠、互利共赢、共同发展的全产业链大农业良性循环。

（4）规模经营＋科学作业＋高效服务。抱团取暖的联合体内部需要进一步完善"以农民为本"的利益联结机制，确保农民享有加工流通环节的利润，从产业链增值中获取更多利益。其中，德翔在农业产业化联合体建设过程中起到带头引领的作用，把企业资源充分释放给联合体内的其他成员，作为联合体的龙头负责联合体生产经营计划、良种及生产资料供应、养殖技术服务、产品收购销售等；合作社为联合体提供全程机械化服务，与家庭农场签订作业服务协议，安排统一作业。更重要的是，家庭农场按照龙头企业的技术标准负责粮食生产，德翔直接对接订单农业，破解了卖粮难的问题。

对于成员单位中的合作社和家庭农场，不仅享受最优惠的农业社会化服务，还可以享受到其他成员单位最低的农资价格，降低了投入成本。企业具体为种植领域的联合体成员供给价格优惠、优质可靠的机械和种子等农用物资，提供有机粪肥用于改良大田土壤，再由公司收购签订种植的玉米，从而保障公司肉鸡的饲料来源；在养殖方面，加入联合体后，雏鸡运距短、获取方便，养殖技术有农技合作社专业人员指导，对外销售则有龙头企业独当一面，省心省力，让农民朋友真正有一种上了保险的踏实感。

(5) 联合体真正"联"出了规模，"合"出了效益。作为联合体中的核心，龙头企业德翔深刻体会到，只有抱团取暖才能获得更大利益。除了在发展订单农业方面有着突出的优势外，联合体在整合企业力量、抱团开拓市场方面也有不俗表现，更加注重产业连接是否实现专业化分工、多元化联合、标准化生产和品牌化经营。

采取订单、入股分红、利润返还等方式，与农民合作社、养殖大户和家庭农场形成紧密型利益关系；在联合体内将每年的经营利润按一定比例计提，形成风险基金，提高联合体的抗风险能力；强化各主体间的诚信合作机制，降低经营主体违约风险，实现利益共享、风险共担。

农业产业化联合体建设有助于拉长农业产业链，推进德惠市农村一二三产业融合，把德惠市农业做强做大，培养德惠市农民真正成为专业化的新型农业经营主体，从而拓宽增收致富的渠道。

(6) 社会责任战略规划与前瞻性展望。德翔创始人王世强作为吉林省主食加工暨中央厨房产业发展联盟召集人和德惠市食品商会会长，拟订战略规划实施带动联盟和商会在全省范围内建设投资 2 亿元的中央厨房项目，促进食品产业快速转型升级，为吉林省食品加工业的发展奠定坚实基础。

德翔未来将依托联合体模式全力打造现代农业一条龙的产业生态链条，围绕绿色循环大农业和扩大企业规模开发新项目，目前正规划打造年产 50 万吨的畜禽饲料项目、年出栏一亿只白羽肉鸡的现代化养殖场项目、年产 2 万吨的双孢菇工厂化项目、年产 2 万立方米的生物天然气项目、10 平方公里的"生态·德翔"田园综合体及特色小镇项目，全力打造产业链条完整、农牧结合、工农联合、经济发达的一二三产业融合的现代循环农业。

3. **主要做法**　与合作社或农户相比，龙头企业管理层级多，生产监督成本高，不宜过度直接从事农业生产，但在技术、信息、资金等方面优势明显，适宜负责研发、加工和市场开拓。

与龙头企业相比，合作社作为农民的互助性服务组织，在组织农民生产方面具有天然优势，而且在产中服务环节可以形成规模优势，主要负责农业社会化服务。家庭农场拥有土地和劳动力，主要负责农业种植和养殖生产。

新时代供给侧改革不断鼓励龙头企业强化供应链管理，制定农产品生产、服务和加工标准，示范引导农民合作社和家庭农场从事标准化生产。

积极开展重点龙头企业认定和运行监测，引导龙头企业发挥产业组织优势，以"公司＋农民合作社＋家庭农场""公司＋家庭农场"等形式，联手农民合作社、家庭农场组建农业产业化联合体，实行产加销一体化经营。

同时，农民合作社服务能力也得到提升，发挥其在农业产业化联合体中的纽带作用。鼓励普通农户、家庭农场组建农民合作社，积极发展生产、供销、信用"三位一体"的综合合作。引导农民合作社依照法律和章程加强民主管理、民主监督，保障成员物质利益和民主权利，发挥成员积极性，共同办好合作社。支持农民合作社围绕产前、产中、产后环节从事生产经营和服务，引导农户发展专业化生产，促进龙头企业发展加工流通，使合作社成为农业产业化联合体的"黏合剂"和"润滑剂"。

因此，家庭农场以及农户得以进一步释放生产能力，让其在农业产业化联合体中发挥基础作用。按照依法、自愿、有偿原则，鼓励农户流转土地承包经营权，培育发展适度规模经营的家庭农场。鼓励家庭农场使用规范的生产记录和财务收支记录，提高经营管理水平。健全完善家庭农场管理服务与名录制度，建立健全示范家庭农场认定办法。鼓励家庭农场办理工商注册登记。引导家庭农场与农民合作社、龙头企业开展产品对接、要素联结和服务衔接，实现节本增效。具体的做法，分为三重互联策略。

(1) 实施三产融合，延伸产业链条。企业内部种养融合。以农牧结合为导向，以肉鸡产业链优化发展为核心，以粮食现代物流为依托，承包1万公顷土地种植玉米等粮食作物。通过"粮改饲"转化为养殖环节的优质饲料15万吨，形成内部种养融合的发展模式。

产加销一体化融合。大力发展玉米、水稻等粮食作物和肉鸡产品产地初加工，以"粮头食尾""农头工尾"为抓手，将原料加工成鸡肉产品和大米，通过冷链运输销往全国各地，实现了产加销一体化融合发展。

农业功能拓展融合。积极发展乡村旅游业，利用"旅游＋""生态＋"等模式，依托德惠市区位和交通优势，率先在布海镇打造150公顷的有机生态稻田观光园区，并着力改善村容村貌，整修村屯路16公里，发展"一村一品"，打造了特色乡村旅游品牌。

(2) 推进绿色循环，发展有机农业。单向循环。通过畜禽粪污、秸秆、加工污水等废弃有机物生产有机肥，投入土地使用，种植优质玉米，通过饲料厂加工，产出来的优质饲料用来养殖肉鸡，送往食品厂进行加工生产，形成了单向循环。

二次循环。利用整个循环过程中产生的秸秆、畜禽粪污、肉鸡加工产生的污水，在布海镇建设一座年产 10 万吨的有机肥加工厂，年收集粪污 12 万吨和秸秆 8.5 万吨，经过腐熟发酵和加工处理，制成生物有机肥料，投入种植环节，用来改善土壤、培植地力，形成二次循环。

复合循环。整合种养加优势资源，实行农业规模化生产、加工增值和副产品的综合利用，形成了以种植业、养殖业、加工业为核心的复合循环经济模式，打造了从农田到餐桌的全产业链绿色循环大农业。

(3) 创新联结机制，带动农民增收。订单农业模式。通过为养殖户提供优质饲料、雏鸡和技术服务，最后以订单保价和市场价格进行收购。公司成立至今，已累计带动本地及周边 6 个县（市）上万户农民养殖肉鸡，肉鸡年养殖总量达到 3 000 万只，为养殖户开支超过 20 亿元。

转移就业模式。为普通农民工提供多种岗位，通过技术培训等多项举措，帮助农民工转化为产业工人，优化就业结构，已累计吸引农民工、大学生等返乡创业人员 6 700 人，人均年收入增加 5 万元。

折股量化模式。遵循"村企联合、多方受益"的原则，与布海镇 17 个村的农民合作社组建农业产业化联合体，联合体经营产生的效益，由双方共享，合作社再根据成员贡献大小进行二次利益分配，人均增收达到 3 万元。

三、利益联结机制

"企业＋合作社（农户）"签订订单合同，合作社或农户与龙头企业签订具有法律效力的购销合同，合作社根据合同组织统一玉米种植项目、肉鸡养殖项目，企业指导合作社和农户按照技术要求建设种养基地，到期按照合同要求收购，促进农户与企业互利共赢。2019 年，德翔与农户签订收购订单，玉米收购价格高出市场价格 0.3 元/斤，带动新的种养农户 5 000 户，带动农民增收 3 000 万元。

"企业＋基地＋农户"建立流转聘用，德翔与部分村委会签订土地流转协议，整合流转农民土地，与农民签订种植合同，约定目标产量，对超过目标产量的部分，企业与农户按约定比例分成，保证农户分享增值收益；完成"粮改饲"的玉米升级加工，达到企业和农户双稳定、双丰收。

"企业、合作社、种养大户＋农户"完成转移就业，各种养殖企业、合作社、种植大户等经营主体在农忙时期大量雇用临时工，带动富余劳动力增收。德翔的牧业食品板块长期通过聘用大量农村富余劳动力进厂务工，让务工人员获取稳定的工资性收入，人均年收入可达 3 万元。

◆ "企业+合作社（农户）"签订订单合同，合作社或农户与龙头企业签订具有法律效力的购销合同，合作社根据合同组织统一种植、养殖项目，企业指导合作社和农户按照技术要求建设种养基地，促进农户与企业互利共赢

◆ "企业+基地+农户"建立流转聘用，德翔与部分村委会签订土地流转协议，与农民签订种植合同，保证农户分享增值收益

◆ "企业、合作社、种养大户+农户"完成转移就业，各种养殖企业、合作社、种植大户等经营主体在农忙时期大量雇用临时工，带动富余劳动力增收

利益联结机制

加强土地托管的综合服务，对有适量耕地但缺少劳动力或技能的农民，以经营性托管、环节式托管等土地托管模式，服务农户发展农牧业，实现产业增收；并以农业综合解决方案和农业机械化全程服务为切入点，引导农户全托管或半托管土地，通过"五统一分"方式，在不剥夺农民承包权和经营权的前提下，实现合作多赢、良性发展，带动农户增收。

四、主要成效

德惠市作为吉林省农业产业化的发源地和农产品加工业大市，一直坚持把发展农业产业化作为推进农业供给侧结构性改革的战略举措和率先实现农业现代化的有效途径。

德翔牧业有限公司在此基础上大力推进以市场为导向，完成龙头带基地、基地连农户，集种养加、产供销、内外贸、农科教于一体的经营管理体制和运行机制的建设，初步实现了肉鸡龙头企业的锻造。围绕肉鸡养殖、玉米深加工、分割鸡产品、生物有机粪肥等产业，形成龙型经济产业集群，构建了加工多元化、产品系列化、企业集团化的发展格局，逐步完善基地建设，拓展规模，增强农业产业化联合体的支撑力。

2019 年，德翔复制自身成功经验，加快区域化布局，规划建设了长春市九台区上河湾镇的肉鸡养殖基地。利用九台区优良的玉米原料，公司建设了种鸡孵化、肉鸡养殖基地，在上河湾镇形成了优势产业链，既强化了标准化生产，建立了质量监测、质量标准认证和信息网络服务体系，完善了重大疫情和产品质量安全应急机制，也推动了规模化经营的发展。

五、启示

农业产业化联合体是当前我国农业供给侧改革的重要抓手，以龙头企

业、农民合作社和家庭农场等新型农业经营主体的分工协作为前提，以规模经营为依托，以利益联结为纽带的一体化农业经营组织联合体，具有独立经营、联动发展，龙头带动、合理分工，要素融通、稳定合作，产业增值、农民覆盖等基本特征。

德惠市发展农业产业化联合体是促进乡村振兴的重要举措之一。农业产业化联合体是构建现代农业经营体系、促进乡村产业兴旺的重要载体。实施乡村振兴战略，首要的是产业兴旺。产业兴旺离不开新型农业经营主体的带动，离不开现代农业经营体系的支撑。

目前，德惠市各类新型农业经营主体快速发展，成为建设农业农村现代化的重要力量。同时，各类主体的短板也逐渐显现，相互联合起来有助于进一步做大做强。发展农业产业化联合体，为新型农业经营主体的联合提供了一个制度框架。通过"公司＋农民合作社＋家庭农场"的组织模式，让各类经营主体分工协作、优势互补，促进家庭经营、合作经营、企业经营协同发展，进一步提高了组织化程度，激发了农业农村发展的内生动力。

德翔组建农业产业化联合体，致力于实现本地小农户和现代农业发展的有机衔接。农业产业化联合体作为农业产业化理念的最新实践探索，通过龙头企业、农民合作社、家庭农场等紧密合作，打通从农业生产向加工、流通、销售、旅游等二三产业环节连接的路径，推进农村一二三产业融合发展。通过提升农业产业价值链，完善订单保底收购、二次利润返还、股份分红等利益联结机制，示范带动普通农户共同发展，将其引入现代农业发展轨道，同步分享农业现代化成果。

浙江绍兴：海丰花卉有限公司

> **导语：** 党的十九大报告首次提出了"小农户"的概念，并将"实现小农户与现代农业发展的有机衔接"作为实施乡村振兴战略的主要措施。总部位于浙江省绍兴市柯桥区的海丰花卉有限公司（以下简称"海丰花卉"）在区政府的指导下，通过"现代农业龙头企业＋小农户"的方式，在与小农户合作打造利益共同体上做了有益的探索。近些年来，海丰花卉依靠其在菊花领域的优势，打造了一条从生产、加工、出口到服务以及农旅观光的鲜花全产业链体系，从一家中小规模的民营企业一跃成为省级重点农业龙头企业。在发展企业的同时，公司通过"统租返包、跟踪指导、统一收购、兜底收益"的生产管理模式，带动周边合作农户年收入超过10万元，促进农民增收达4000余万元，实现了小农户与现代农业的有机结合和利益共享。

一、主体简介

海丰花卉坐落于风景秀丽、生态优良的浙江省绍兴市柯桥区，公司以鲜花生产销售为核心，集种苗研发、繁育种植、加工出口、生命文化服务、休闲农旅于一体，一二三产业深度融合。公司现有资产总额近2亿元，固定资产9 000万元，拥有员工400余名。公司在浙江、海南、云南等省拥有2 500余亩现代化种植基地，年产各类花卉3 500万枝。2017年，公司在平水总部投资近1亿元建立总部中心和出口加工生产中心，引进8条国际先进的花卉加工生产线，配套保鲜冷库6 700立方米，日加工花卉产品能力达50万枝，已成为国内最大的菊花加工生产中心，产品远销日本、韩国、俄罗斯和东南亚等地，成为日本菊花及衍生产品的最大供应商。

海丰花卉围绕"绿色、拼搏、创新、感恩、分享"的核心价值观，在大力发展绿色农业、带动农民增收、推进精准扶贫方面不断努力。同时，公司依靠科技进步，积极与各大科研院校合作，不断创新经营管理、产品研发和人才培养方式，坚持"播种美好生活，诠释完美人生"的使命，使公司向国际领先的现代农业企业不断迈进。

二、主要模式

海丰花卉通过不断总结摸索，以调动农户生产积极性为本，以发展产业现代化为引领，提出和实施"统租返包，统一管理，收益兜底"的经营策略，简单来说就是由公司提供各类必需的生产资料和技术指导，费用由企业垫付，承包种植户没有资金压力，只需投入劳动力负责种植和田间管理，再由公司全面收购鲜花出口实现共赢。通过"企业＋农户"的产业化发展模式，企业实现了土地储备和规模化发展，农户实现了生产专业化和技术化。企业发展、农户增收，在短短3年不到的时间从无到有，成功打造了绍兴平水菊花种植基地，促进了当地农业产业结构优化，提升了经济发展质量。

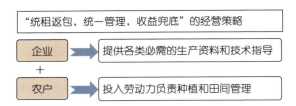

1. **统一流转土地，建造设施，返租农户** 公司自2016年起，经过考察评估，在绍兴市平水镇剑灶村投资建设千亩菊园种植基地，在政府部门的支持下，两年内分批统一流转周边700余户农户土地共计1 600亩。该基地拥有大量连片土地，水源富足，交通便利，周边村镇较多，十分适合开展现代化农业生产。公司在该基地投入数千万元建设连栋大棚、单体大棚、玻璃温室、自动化水肥一体灌溉系统和智能冷库等现代化设施，并对路沟渠进行建设和改造，更好地配合机械化操作。基地建成后，公司将土地连同相关设施设备，统一按成本价出租给种植承包农户，且租金在每茬种植的花款中结算扣除，大大降低了农户的生产启动资金。每茬花种植前，公司还免费提供土地整理服务，让农户们充分享受公司平台的便利，轻装上阵，通过自己的努力劳动创收致富。

2. **统一生产计划，订单化种植生产** 海丰花卉生产的鲜花主要销往海外市场，数量和品种都会通过订单先期确定，企业可以根据订单，采取精准种植的生产模式。负责拓展业务的市场部定期将订单需求统一汇总整理后报给生产部门，生产部门据此制订种植计划，并综合考虑可种植面积、农户的管理能力以及后续订单等因素，把计划细分成一个个的种植任务，每个承包农户接到的种植任务都明确了种植品种、数量、时间和地点，在标准化的生产模式下确保准时、准量采收，然后无缝进入加工出口环节，之后发到客户手中。通过这种计划种植、统一管理的种植模式，农户生产的菊花全部都被公司收购销往各个市场，避免了生产损耗和浪费，既较好地满足了客户需求，又解决了农户的销路难题，大大提高了生产积极性，而且通过稳定供应也为海丰花卉赢得了良好的口碑。

3. **统一供应种苗和生产物资** 海丰花卉在种植基地自建了现代化菊花种苗繁育中心，引进国外知名公司的菊花多达 500 余种，通过专业技术人员的精心管理，确保了源头供应的菊花种苗品质的一致性。接受种植任务的农户统一从公司领取相应品种和数量的菊花种苗，产生的种苗成本费用在农户销售菊花所得货款中进行扣除。为了提升标准化的生产水平，公司根据不断总结的种植经验，对生产所需的化肥和农药制定了严格的品牌、成分及使用方式等标准，并采用公司采购、按需领用的方式发放到农户手里。另外，像定植网、棚模、二道膜、地膜、补光灯泡、钢管桩等农资物品也是由公司统一采购发放甚至安装维护，既方便了农户，又提升了生产规范性和技术水平，保障了生产品质。而这些相关生产物资的费用也是在花款结算中扣除，无须农户提前支付，大大减轻了农户的资金压力和心理压力。

4. **统一技术指导** 菊花种植是一项技术要求较高的工作。一方面，要根据不同阶段控制光照和水肥，确保准时出花；另一方面，要种出好品质的菊花必须在生长周期内精心打理，不断跟踪处理问题。海丰花卉通过技术人员与农户一对一结对帮带的方式，很大程度上解决了农户在生产管理中的后顾之忧，较快地掌握了种植技巧和生产要点，少走了很多弯路。公司从高校招收专业技术人员，通过 1 年左右时间的定向培养，让他们掌握花卉种植相关专业知识和实践经验。海丰花卉已培养了 10 名技术指导员，他们天天穿梭在田间地头，观察棚内花苗生长情况，传授农户养护管理花苗的知识，及时解决遇到的现实问题。技术指导员平均每人帮带 10 多户农户，每人每年负责 120 亩花田的技术指导工作。公司还组织了专家结合不同生产阶段的管理需求，对农户开展集中授课，采用田间指导等方式进行技术辅导，不断促进农户提升自身技术水平，逐渐向专家型农民发展。通过公司的统一技术指导，基地的出花率和出花品质逐年提高，既增加了农户产出和收益水平，也大大提升了公司的品牌竞争力。

5. **统一收购标准** 根据客户的订单要求，海丰花卉将鲜花的开放度、花朵直径、茎秆粗壮度等参数作为标准，将菊花的质量从高到低统一划分为 4 个等级，分别为 2L、L、M、S。根据等级标准按质论价统一向农户收购菊花。不同等级的收购价格，明文约定在农户和公司签订的种植承包合同中，质量最高的花和最低的每枝收购价可以相差 2 倍以上。同一品种的菊花在不同品质下收购价格差异巨大，这激励农户们努力学习种植技术，种出更高品质的鲜花，提高自身收入。同时，在收购时，海丰花卉会派遣质检专员和农户沟通，确认鲜花的质量等级和数量，避免一言堂，让农户卖得清楚明白。目前，农户种植的各类菊花平均收购价为 0.55 元/枝，按照每亩地每茬出花量 30 000 枝（按 95% 出花率）计算，在结算花款时，扣除土地设施租金成本、种苗成本、农药化肥成本及相关生产耗材成本等，每茬花每亩的纯收益可达 8 400 元。按照正常生产周期，农户平均每年种植 1.5 茬菊花，每年每亩收入可达 12 600 元。

　　6. 降低生产风险，兜底农户收益　　为减少合作农户的生产风险，海丰花卉采取了不少措施。例如，因台风、暴雨、地震等不可预见的自然灾害，造成大棚及附属设施设备受损时，由公司负责维修；对于由此而造成农户种植花卉的损失，公司也将给予适当的补偿。由于每茬花生产周期约 3～4 个月，花款结算时间间隔较久，海丰花卉通过每月向农户发放基本工资的形式预支部分花款。平均一对夫妻农户每月可得到 7 000 元的收入，这相当于他们的保底收入，这部分收入即使当期种植的花卉颗粒无收，公司也不会让农户退回。这样一来给农户吃下了一颗"定心丸"。此外，公司还给每个农户提供免费住宿，开办平价食堂，想方设法减少其生活开支。公司通过种种方式切实把农户的利益放在首位，履行了"收益兜底"的承诺，真正让合作农户享受到"企业＋农户"合作模式下的前景好、收益高和风险小的大实惠。

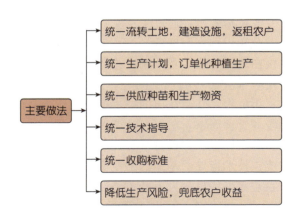

三、利益联结机制

　　海丰花卉通过具有吸引力的合作生产模式，带动了大量农户从事花卉生产。如今，在平水核心种植基地，一对夫妻农户平均每年承包种植土地

10 亩左右，年收入达到 12.6 万元，高者可达 15 万元以上。而在海南、云南、浙江等其他种植基地，农户的收入水平也明显高出一般种植业农户。据统计，2018 年度共雇用农户 250 余户，发放花款 1 900 多万元。值得一提的是，这些农户当中相当一部分是来自贫困地区，他们在海丰花卉通过自己勤劳的双手不仅实现了脱贫，而且正在向小康飞快进发。

此外，采收的鲜花被送至生产车间加工出口，从清洗、整理到包装发货，这些岗位吸纳了许多周边赋闲农户从事相关生产作业，成为他们创收的重要来源。公司每年招聘季节性工人达 400 余人，给农户带来 300 余万元的收入。

四、主要成效

海丰花卉建立以来，始终突出花卉主业，以基地种植为发展根基，并在深化产业链上不断耕耘，发展规模、经济效益和社会效益不断提高。2018 年，公司实现销售额近 3 亿元，利税 2 500 万元。

除了取得良好的经济效益外，海丰花卉积极响应国家扶贫政策，成为绍兴市柯桥区第一批与四川省阿坝藏族羌族自治州金川县结对的对口企业，利用种植基地和出口加工中心，建立了东西部扶贫协作和对口支援劳务协作就业创业基地。海丰花卉已为 12 名建档立卡的贫困农户提供了合适的岗位，以舒适的环境和良好的收入让他们脱离贫困，过上了好日子。

海丰花卉还积极尝试开展生态农旅项目，依托平水种植基地，突出花卉特色，建设开发"海丰花园"田园综合体。通过举办菊花名品展等活动，为广大市民提供了一个赏花休闲的好去处，吸引了大量游客，赢得了广泛认可。通过观光项目的建设，也提升了当地的自然生态环境，为美丽乡村建设增添了一份力量，得到了政府和社会的纷纷点赞。

公司凭借在各方面的耕耘努力和突出成绩，获得了 2018 年度绍兴市经济发展贡献奖、柯桥区区长奖等荣誉。

五、启示

海丰花卉把产业做得如此丰富而精彩，主要归功于 3 个方面：一是专注发展。把菊花产业做到极致是公司一以贯之的目标，在此理念的引领下，从育苗、加工、销售到服务，公司所有的业务几乎都围绕菊花展开，至今仍不断在这个细分领域耕耘发展，提升更多产业附加值，开发相关市场和领域，挖掘出最大的潜力。二是分享共赢。公司坚持以人为本，用最大的诚意和平等的姿态将农户当作是合作伙伴，想方设法为其提供更好的生产条件，制定人性化的激励措施，把公司的利益与农户的利益牢牢地捆绑在一起，帮助企业形成了长期稳定的盈利模式。三是有效整合。例如，公司利用不同地区的气候，跨越各地布局基地，实现鲜花常年供应；利用鲜花的价值差异，整合国内外市场，一部分满足强大的出口需求，一部分满足国内的鲜花需求，并衍生发展礼仪服务，创造收益；融会贯通政府的各项政策，因势利导地建设基地，引进项目，改善生态，促进民生，为企业创造了更大的发展空间。

浙江平阳：子久文化股份有限公司

> **导语：** 2015 年，子久文化股份有限公司"退二进三"，转型做平阳黄汤茶，进入茶产业，又与平阳县农业龙头企业——平阳县天韵茶叶有限公司实现了联合兼并。公司努力建设茶园基地，积极创建生态茶园和有机茶园，获得了双有机认证。

一、主体简介

子久文化股份有限公司坐落于平阳县昆阳镇工业区振兴南路 5 号，创办于 2001 年，注册资金 1 137 万元，固定资产近亿元，厂房 25 000 平方米。现有员工 200 余人，其中，中高级技术人才 20 人，是浙江省农业科技型企业、浙江省文化成长型企业、温州市重点文化企业、温州市农业龙头企业。近两年，公司还获得浙江省中小学质量教育校外社会实践基地、温州市企业技术研究开发中心、平阳县非遗工作先进单位等荣誉称号。

子久朝阳山茶园基地位于平阳县水头镇新联村。该村是平阳县的一个畲族少数民族村，坐落在南雁荡山脉的朝阳山，是平阳黄汤的核心产区。该村是农业农村部公布的第六批"全国一村一品示范村镇"之一，而且是因出产平阳黄汤茶而入选。子久文化股份有限公司目前自有茶园 500 亩，联营茶园近 4 000 亩，联营农户 450 户，茶叶加工车间 1 500 平方米（省级标准化生产车间），年产黄汤和其他茶叶 10 多吨，产值 2 000 余万元。产品以平阳黄汤为主，由平阳黄汤茶制作技艺非物质文化遗产传承人钟维标师傅采用非遗传统工艺"九烘九闷"精心制作而成。

二、主要模式

近年来，公司坚持"企业＋农户＋观光"的发展模式，秉持绿色有机、农企合作、抱团发展、助推乡村振兴、建设美丽乡村的发展理念，与茶园基地的 450 多户茶农签订合作协议，建立鲜叶供销联合体，做大平阳黄汤茶产业，使茶农增收、茶企发展，达到共赢。

1. 建立"企业＋农户"的茶叶供销联合体

（1）工农联手，兼并重组。为了能够增强发展实力，发挥工商资本和农业企业的各自优势，增强抗风险能力，做大平阳黄汤产业，带动当地茶农发展，子久文化股份有限公司与茶园当地的农业龙头企业——平阳县天韵茶叶有限公司实行兼并，增强市场竞争力和抗风险能力。

（2）**建立契约关系，签订鲜叶供销协议，形成联合体。**新联村是子久文化股份有限公司的平阳黄汤茶鲜叶主要供货地，而茶叶正是当地茶农的唯一生活来源。企业要健康发展，茶农要致富奔小康，就得抓住当地茶产业的优势和畲族民俗文化的特色，把茶文章做好，把平阳黄汤做大。于是，一个共赢的举措就在 2015 年启动实施了。这一年公司召集了新联村的茶农开座谈会，子久文化股份有限公司董事、平阳县天韵茶业有限公司总经理钟维标把公司想与茶农签订鲜叶供销联合体、建立契约关系、签订联营协议的想法传达给茶农，并提出联营茶园推行统一的生态、绿色和有机的管理要求，采茶时公司将以高出当时市场价 20％以上的收购价收购茶农茶青。茶农们听后很是振奋，无不拍手称好。于是，公司与茶农结成了命运共同体。几年过去了，茶农们增收了，尝到了甜头。消息不胫而走，吸引了不少周边村的茶农前来签订协议。2019 年签订协议的茶农已达 450 余户，联营茶园近 4 000 亩。

（3）**实行有效的茶园管理。**绿水青山就是金山银山。为了能进一步增加广大茶农关于生态、绿色、有机方面的生产知识，提高环保理念和茶园的科学管理水平，公司除建立茶园管理巡查小组进行全天候不间断地开展茶园巡查外，还实行茶叶生产有机肥和生物杀虫剂的统一采购和管理，并不定期地请农业技术人员和平阳黄汤制作技艺非遗传承人为茶农进行职业技术培训，讲解保护茶园生态环境的重要性和推进绿色、有机管理的必要性，以及如何管理好茶园的相关专业知识，从而提高茶农的思想认识，提升茶园的管理水平，增强其执行统一茶园管理标准的自觉性。鲜茶品质不断提升，收购价坚挺，确保了茶农增收。

（4）**做好品牌，加大宣传和推介，提升影响力和知名度。**为了提升产品的影响力和知名度，子久文化股份有限公司先后投资 1 300 余万元，拍摄了微电影《平阳黄汤 我们不斗茶》和企业宣传片；请杭州火石企业品牌策划公司，给企业品牌定位和形象策划；还在杭州、温州、瑞安、平阳、苍南等地投放平面广告和新媒体广告。公司积极参与竞标，使子久·平阳黄汤成为首届中国国际茶业博览会品鉴用茶、世界温州人大会品鉴用茶、中国（温州）南麂基金岛论坛品鉴用茶；公司还积极实行走出去战略，参加北京、沈阳、济南、兰州等全国各大茶叶展会。公司聘请茶叶专家组建研发团队，成立茶叶研究所，并与浙江大学、浙江农林大学、湖南农业大学、中国农业科学院茶叶研究所、中华全国供销总社茶叶研究院、温州科技职业学院等科研团队进行合作，积极开展产品技术研发。同时，积极参与国际、全国与省市的各类展会、评比，获得了"中茶杯""亚太茶茗"大赛、中国国际茶业博览会大赛等 10 多个国际性与国家级奖项。2018 年，子久·平阳黄汤"茶香书香"产品获得国家级旅游产品大赛金奖。

（5）扩大销售，做大茶产业。公司投资 5 200 多万元，新建了近 5 000 平方米的子久茶博苑。2015 年 11 月 27 日，该苑在平阳县昆阳镇正式开业，集平阳黄汤茶销售、品茗、旅游休闲与茶文化演绎于一体，使出自朝阳山的历史名茶在城里有了自己大型的综合推介营销场所。该苑 2017 年被评为"浙江十佳文化茶馆"、温州市特色旅游消费场所，2018 年获评浙江省中小学生校外质量教育社会实践基地，目前是浙江省档次最高的文化茶楼之一。自 2015 年 12 月至今，子久茶博苑共举办各类文化活动与茶文化培训 200 余场，接待游客和消费者 5 万余人次。此外，公司还在杭州博地中心、温州五马街、温州白鹿洲、平阳县等地开设了 10 多个"平阳黄汤"专卖店和品牌形象店，积极向县外推广和销售"平阳黄汤"茶。

2. 做好茶旅观光的文章 为了拉长产业链，充分发挥资源优势，助推乡村振兴和美丽乡村建设，子久文化股份有限公司和社区（村）联手，积极发展茶旅观光，引来八方宾客。

（1）积极参与茶旅硬件建设，不断完善基础条件。面对新联村硬件不足、茶文化和畲族文化缺失的情况，公司利用企业机制灵活等优势，积极配合各级政府参与茶旅基础设施建设。2016 年，公司主动向县民族宗教事务局申报了畲乡茶文化长廊建设项目；得到批准后，公司认真规划，精心施工。到了 2017 年，公司投资近 100 万元，建成仿古连廊 1 座、木亭 1 座、木桥 1 座、茶园游步道 200 余米，畲乡茶文化长廊一期工程竣工后通过验收，获得了财政补助 40 万元。2018 年又投资近 50 万元改造天韵茶园基地茶叶加工厂主入口，并创作了畲族茶叶生产壁画和雕塑。2019 年又联合村经济合作社，积极申报承担农业一二三产业融合项目，投资近 300 万元，新建平阳黄汤古法工坊与茶文化展示馆工程已开工。

（2）积极申报"最美茶园""生态茶园"。新联村的高山茶园地理条件优越，自然景观和茶园景色秀美，该村又是中国黄茶（平阳黄汤）特色村。为了能更好地助推茶旅产业兴起，2016 年公司积极申报全国最美茶园，几经努力终获成功。2018 年公司茶园基地又启动申报浙江省 100 家生态茶园，获得成功，成为浙江省第一批生态茶园。这些品牌的取得，使该村的知名度和美誉度进一步提升，促进了当地茶旅产业的发展。

（3）做好茶文化与畲族文化相融合，积极创作和演出文艺作品。公司组织创作力量，深入茶园体验生活，以平阳黄汤和畲族民俗为题材，先后创作了情景剧《黄汤赋》《子久赋》，歌伴舞《黄汤恋曲》《采茶舞曲》，鼓词《黄汤情怀》，茶艺《雨巷》《太极茶道》《子久仙茗》等文艺作品。这些节目，在音乐和服装创作以及舞蹈动作编排上融入了畲族文化特色。除在公司茶博苑子久文化礼堂和各地展会进行演出宣传外，还参加镇、县、市、省展演和比赛。同时，公司积极配合中央电视台、浙江电视台、县农业局、县民宗局拍了电视专题片《一杯黄汤品平阳》《走进新联村》等；公司自己还拍摄了微电影《平阳黄汤　我们不斗茶》。这些片都聚焦新联畲族村，为推介和宣传畲乡新联村和开展茶旅起到了积极作用。

（4）配合当地党委、政府搞好旅游景区创建。为了积极引导新联村创建星级旅游村、拓展茶旅项目，公司领导主动找新联村"两委"领导，多次商量，出谋献策。2017年，该村通过A级旅游村评定。2018年上半年，平阳县委书记董智武到朝阳社区新联村调研，提出创建AAA旅游村的要求。公司主动牵线搭桥，帮助联系规划设计单位，配合当地党委、政府和村委做好创建相关工作，还牵头组织"村两委"主要负责人和有关单位负责人到台州羊岩山庄茶旅景区参观学习。回来后，公司又指定专人负责，配合该村做好平阳黄汤茶博园AAA景区创建。2018年，承办了浙江省茶联盟年会，协办了中国黄茶大会，带领参会人员到茶园基地参观交流。2019年春茶开采时，公司协办了平阳黄汤茶博园茶旅文化节，承办了平阳黄汤茶文化论坛。畲山欢歌笑语，引来八方宾客。

当然，在工商企业瞩目"三农"、投资农业的过程中，遇到不少问题。一是用地问题，项目落地难。农村边远山区，哪怕是缓坡野岭，也是良田"农保地"或是林地，拿地用地难。二是建设工程项目审批难。尽管对审批制度进行了改革，但建设工程审批程序还是烦琐，特别是规划标准与市政配套，城乡"一刀切"无区别，脱离现实，工商资本望而止步、知难而退。此状况不改变，乡村振兴进程会举步维艰。

三、利益联结机制

公司与当地茶农利益联结主要有直接收益和间接收益两种。直接收益，即协议契约保障和茶园管理、茶厂茶叶生产人员工资。按2015—2019年计算，公司年均生产茶叶7吨，收购鲜叶35吨，每斤均价80元，总价560万元，以按高于市场25%的收购价收购鲜叶，年均茶农共增收140万元，年均400户，每户年增收3 500元。8名茶园管理和茶叶生产员工月均4 000元、年均38.4万元。两项合计，年均可给当地茶农增收178.4万元。间接收益是指茶餐厅、茶园旅游等茶旅收入。

直接收益	即协议契约保障和茶园管理、茶厂茶叶生产人员工资。按2015—2019年计算，公司年均生产茶叶7吨，收购鲜叶35吨，每斤均价80元，总价560万元，以按高于市场25%的收购价收购鲜叶，年均茶叶共增收140万元，年均400户，每户年增收3 500元。8名茶园管理和茶叶生产员工月均4 000元，年均38.4万元。两项合计，年均可给当地茶农增收178.4万元
间接收益	指茶餐厅、茶园旅游等茶旅收入

四、主要成效

从经济上看，在企业层面能确保优质和丰富的鲜叶供应，从而使得平阳黄汤茶茶叶品质好、销售价格提升，达到增收目的。按全年生产平阳黄汤7吨、均价2 000元、每斤茶叶比其他黄茶企业高25%计，全年销售增值350万元。在茶农层面，每年确保在家门口销售鲜叶，茶叶种植所需的生产资料统一采购，减轻生产成本，接受统一茶园管理模式，确保茶叶良好品质，达到增值，从而每户每年可以增收4 667元。

从社会层面上看，对企业来说，增强抗风险能力，提升市场的竞争力；对茶园所在地和茶农来说，使茶叶产业的支撑力得到彰显，产业链不断拉长，茶农得以增收，不但脱贫，还加快奔小康；对当地政府来说，企业助农，产业带动，有力地助推乡村振兴和美丽乡村建设。

从生态效益上看，通过契约式管理模式，逐步提高了当地茶农"绿水青山就是金山银山"的生态环境保护意识，使生态、绿色、有机理念深入人心，从而更好地保护了历史名茶、乾隆贡品——平阳黄汤作为中国四大黄茶品牌的原产地生态环境，巩固了平阳黄汤的市场地位和美誉度。

经济层面	全年销售增值350万元。在茶农层面，每年确保在家门口销售鲜叶，确保茶叶良好品质，从而每户每年可以增收4 667元
经济层面	使茶叶产业的支撑力得到彰显，产业链不断拉长，茶农得以增收，不但脱贫，还加快奔小康
生态效益	使生态、绿色、有机理念深入人心，从而更好地保护了历史名茶、乾隆贡品—平阳黄汤作为中国四大黄茶品牌的原产地生态环境

五、启示

1. 工商资本的注入是乡村振兴和美丽乡村建设的重要途径 总体来说，茶叶种植的乡村大多在偏远山区，栽培粗放，交通和基础设施落后，再加上村集体经济薄弱，仅凭自身实力美丽乡村建设迟缓，很难一时振兴。为此，就必须利用自身的自然生态环境和资源优势，加大引入工商资本，发展产业，建设美丽乡村，实现乡村振兴。地处平阳朝阳山新联村的平阳县天韵茶业有限公司就成功引入浙江子久文化股份有限公司资本实行兼并重组，引入工商资本。

2. **"企业＋农户＋观光"是推动茶产业发展和造血扶贫，实现村民脱贫奔小康的有效模式** 子久文化股份有限公司采用自愿的契约方式，将450 户茶农纳入鲜叶供销联合体，实行统一茶园管理，既解决了自身茶叶的原料问题，又能消除茶农卖茶叶难顾虑，还可以使茶农增收。走对了第一步后，又迈出了第二步，引导"村两委"利用"平阳黄汤第一村"自身的生态资源优势发展茶旅观光，拉长产业链，做大平阳黄汤文章，带领村民较快实行脱贫奔小康。这是非常适合浙江南部农村乡情的有效发展模式。

3. **实行契约式茶园统一管理模式，有利于茶区生态环境的保护，保证茶叶品质** 原来茶园一家一户自行管理，有些村民使用除草剂、有害农药和肥料，严重影响了茶叶品质。长此以往，这一维持生计的金山银山就会被污染。子久文化股份有限公司通过"企业＋农户"模式，采用契约式协议，明确鲜叶供销联合体实行茶园统一管理模式，采用生态、绿色、有机的茶园管理办法，确保茶区绿水青山，引来八方宾客。

江西宜丰：九源丰农业开发有限公司

导语： 近年来，九源丰农业开发有限公司遵循"用现代设施装备农业、用现代科学技术改造农业、用现代产业体系提升农业、用现代经营形式推进农业、用现代发展理念引领农业，融生态农业、观光农业、设施农业于一体"的战略理念。以下辖的宜丰县金禾农民专业合作社等为平台，通过"公司＋农户"模式，采取租赁、入股等抱团方式，吸收社员862人，流转土地11 379亩，种植有机水稻9 700亩，分布在同安乡、花桥乡的7个行政村，带动当地2 000多农户增收近600万元。

随着国家对美丽乡村建设的政策支持及乡村旅游的盛行，公司为确保企业经济得到稳健持续发展，不断调整产业结构，从有机种植、有机饲养向研学、休闲、观光、采摘等文旅产业延伸，把"公司＋农户"模式升级到"公司＋农户＋研游"模式。结合同安乡的生态优势、禅意文化特色及企业良好的信誉，投资1.7亿元打造了省级现代农业示范园——九岭田园生态农庄，融合当地一二三产业发展。九岭田园生态农庄的建成带动了周边5 000多农户增收，新增就业岗位500人。

一、主体简介

九源丰农业开发有限公司坐落在山清水秀且有着"洞天佛国"盛誉的江西省宜丰县同安乡，于2014年11月挂牌成立，注册资金1 000万元，首期实际投资4 500万元，现有管理人员38人、高级农艺师2人、机械作业人员26人、其他从业人员230人，流转土地11 397亩，取得有机水稻认证9 700亩，油茶林526亩，鱼塘、水库160亩。公司下辖6个专业合作社：金禾农民专业合作社、鑫耕源农机专业合作社、同兴种养专业合作社、康源养殖专业合作社、绿康果蔬种植合作社、清源渔业专业合作社。公司还拥有1个批次处理304吨稻谷的烘干厂、1个年产1.2万吨有机大米的加工厂。公司已建成450亩有机蔬菜基地和千头土猪、10万羽土鸡（鸭）的养殖场。目前，总投资1.77亿元的九岭田园生态农庄项目的第一期工程正在建设中。公司是集储运、加工、销售、研游、休闲、观光于一体的农业综合专业化经济实体。

2015 年 9 月，公司顺利通过了国家认监委授权的北京五岳华夏管理技术中心的有机大米认证，注册了"秋瑶"品牌。公司生产的"秋瑶"牌有机系列大米、有机土猪、有机禽蛋等多种农产品在上市销售中得到了广大消费者的认可。公司"秋瑶"有机大米品牌作为江西省重点向全国推介的农产品，从 2019 年 2 月 1 日起在中央电视台进行了广告投播。

2015 年以来，公司、合作社及示范园获得"宜春市农业产业化市级龙头企业""江西省农业产业化省级龙头企业""全市优秀新型农业经营主体""宜春市农民合作社市级示范社""全省供销社系统农民专业合作社省级示范社""国家农民合作社示范社""农产品三品一标认证先进组织""省级现代农业示范园"等荣誉。2019 年 2 月被宜春市确定为市级中小学生研学实践教育基地。

二、主要模式

1. **"公司＋农户＋研游"模式** 由公司牵头成立农民专业合作社，并以合作社为主体租用村民荒置的土地，或以入股的形式吸收为正式社员，让村民收取地租、社员参与分红，并被公司聘用为长期合同工，使村民得到多份收益。

(1) 公司以省级现代农业示范园为核心，扩大有机水稻种植规模，发展绿色产品。由公司牵头，把数百户入股社员组织起来，构建利益共同体。按照统一生产资料采购、供应和使用，统一种植模式，统一田间管理，统一机械收割，统一使用一个品牌，统一销售，严格执行"六统一"，保证有机水稻质量和优质产品上市。

(2) 公司以省级现代农业示范园为契机，利用同安乡的自然资源优势，积极开发乡村旅游发展。公司投资 1.7 亿元打造的九岭田园生态农庄项目，是由政府"牵线"、企业"唱戏"，形成"政府支持、市场运作、多元投入、企业经营"的乡土旅游景点综合开发格局。在企业开发建设中对征用农户土地进行了经济补偿，并招收农户进入企业工作。在农庄运行中，利用农户闲置的资产和富余的劳动力，开发各类农事活动，展示真实的乡村农耕文化。打造特色产品，以公司有机大米、有机果蔬、有机土猪等有机产品为主，以单个农户特色产品为辅，在景区发展乡土购物特色，达到企业与农户"双赢"，实现企业增效、农民增收。

2. **发展策略** "公司＋农户＋研游"模式核心理念：以省级现代农业示范园为核心，发展有机种养，树立特色品牌，开发乡村研游，实现共赢。

（1）发展有机产业，以农业作支柱。积极发展公司有机种植基础产业，以省级现代农业示范园为载体，发挥公司有机生态农业的产业优势，通过公司化、标准化、科技化运作，打通农业产业的产、储、加、销链条端，形成"标准化、品牌化、体验化"渠道特色的现代农业产业平台，确保产业收益。一是种植好9 700亩有机水稻，确保出产量。坚持"四个统一"原则，做到有机稻种植从品种选择、育苗、管水、施肥、除草、灭虫等环节，严格按照有机种植技术规程操作，可视监控贯穿生产过程始终，保证有机稻种植品质以及粮食产量。二是有机稻的科学储存。利用公司粮食烘干厂设备，做到收割后的有机稻及时烘干、及时储藏。三是提高加工技术，确保产品质量。加强加工厂员工的技能培训，增强员工对加工设备的熟练程度，严格按照GB 1354—2018要求生产出好的产品。四是突破销量瓶颈，抓好产品销售。建立一支专业性强、责任心强、和谐团结的高素质销售队伍，开拓直营店、"电商＋"、大型综合超市加盟等销售渠道，突破传统的销售通路，开辟具有相同卖点的快速消费品为新进入点，提高产品销售量。

（2）打造特色产品，以品牌扩影响。公司打造的"秋瑶"系列有机大米品牌，于 2016 年 12 月注册并通过有机认证。"秋瑶"系列有机大米是无污染的绿色食品，自上市以来就备受消费者的青睐。目前，"秋瑶"系列有机大米作为江西省重点推广农业产品品牌，仍继续在中央电视台第一套节目宣传推介。一是丰富了"秋瑶"品牌种类。"秋瑶"牌有机大米种类单一，形成不了产品品牌规模。今后，公司将有机饲养的土猪、鸡、鸭、鱼、禽蛋以及有机种植的各类瓜果蔬菜，都统一"秋瑶"品牌标识，使"秋瑶"品牌产品多样化。二是持续加大宣传投资，扩大产品影响。近期，公司将投入更多的宣传资金，选定城市消费高的高铁站、机场作为重点宣传场所，提升公司有机产品知名度，扩大影响力。

（3）开发乡村研游，以造血为驱动。以乡村研游为九岭田园生态农庄的驱动产业，依托主题统一的服务模块，打造综合服务区、禅农养生区、有机示范区、游憩娱乐区、休闲观光区5个乡村旅游产品。吸引旅游爱好者到乡村来度假、休闲、康养、采摘、娱乐、就餐、购物、亲子活动等，让旅游者享受"推窗见绿、出门有田、四季赏花"的田园生活。产品一：综合服务区。以交通集散、旅游接待、科普展示为主，建有生态停车场、生态餐厅、旅游接待综合体、展馆中心、商业街、茶室等。产品二：禅农养生区。突出山水田园特色的休闲康养功能，建有禅养小院、疏林别院、田间别院、田园旅舍等。产品三：有机示范区。致力于打造高标准绿色有机、生态示范观光采摘园，包括有机稻田、有机蔬菜、可食地景、立体种植、有机茶园、四季果园和循环农业示范。产品四：游憩娱乐区。设置多样化功能，尽量满足各个年龄段的游憩需求，让游客融入大自然、享受大自然、接受大自然的熏陶，主要含丛林趣苑、竹韵禅音、童趣乐园等。产品五：休闲观光区。以四季花海为重点，以多样化的花卉植物、中药材植物为载体，集观赏、体验、科普、制作于一身的主题园区，包括荷蒲湿地、四季花海、金秋穗月、养心别苑、生态茶园、茜溪景观廊道等。

三、利益联结机制

公司本着"风险承担、利益共享"的抱团发展原则，结合市场实际状况，以租赁合作、股份合作、生产合作、入企工作4种方式与农户构成利益联结机制。

1. 租赁合作　公司根据用地需要，从农民手中租用闲置的土地，签订土地租赁合同，规定租赁年限及年租，每年在约定的时间内支付年租金。与公司签订流转土地的农户有 2 000 多户，2018 年支付租赁农户土地租金 432 万元。

2. **股份合作** 农民以土地经营权入股公司，由公司将土地进行统一规划运作，利益分配采取"保底收益＋按股分红"方式，农民获得土地股份收益，参与入股农户有 862 户。同时，针对有土地、无资金、无技术、无劳动力的贫困户，公司积极动员他们把闲置、撂荒的土地入股加入企业，领取分红。到 2019 年止，已有 8 户贫困户加入，都已实现了脱贫。

3. **生产合作** 公司以统一技术、统一标准、统一管理、统一定制的方式，将农民自有分散的土地，组织纳入有机示范园生产合作，农民生产的粮食按当地政策保护价获得收益。参与公司生产合作的农户有 305 户，2018 年向合作农户返还利润 231 万元。

4. **入企工作** 对示范园、农庄周边土地流转后的农户，公司组织有一定知识并具有劳动能力的农民，进行各类专业培训，再进入公司工作，获取工资利润。入公司工作的农户有 28 人，年薪在 2.5 万～5 万元。同时，在公司农忙期间都会聘用农户务短工，农忙结束，每个农户都会获得8 000 元左右报酬。据不完全统计，有 210 人次在公司做过短工。

四、主要成效

公司推行"公司＋农户＋研游"模式以来，当地的环境得到了良好改善，企业得到了长足发展，抱团农户也增加收入，取得了较好的经济效益、社会效益和生态效益。

1. **经济效益** 公司年销售收入每年实现递增，年利润实现近 20％增长。抱团农户在获得固定的土地流转租费的同时，入股农户还可获得分红及取得在公司上班的薪酬。

2. **社会效益** 公司以有机种养、生态农耕体验、高品质禅养和"AAAA 级旅游景区＋省级研学基地"为经营目标，主要体现在产业整合联动、产品标准规范的有机农业基地在全国绿色农业的示范引领作用，促进国家绿色有机发展。以有机稻、果蔬、茶和林下中草药为产业示范，保证农产品绿色、健康、安全，打造全国绿色有机食品基地。"农业＋文旅"的产业综合发展模式，实现产业结构优化，城市资本反哺农村经济，给农业和农村带来新的发展机遇，提高农民收益，促进城乡一体化。

3. **生态效益** 公司省级现代农业示范园、九岭田园生态农庄是以有机绿色农业、智慧农业为发展方向，建立农业大数据库，实现科学种田和农产品安全可追溯，发展循环农业，发展林下种养，创造良好的生态共生条件，极大地改善了示范园、农庄及其周边的生态环境。

五、启示

九源丰农业开发有限公司通过探索"公司＋农户＋研游"模式，实现了农民增收、企业增效的共赢目标，获得了经济效益、社会效益双丰收，构建了公司与农户利益共同体关系，为企业长远发展奠定了坚实基石。公司几年实践得到以下几点启示。

1. 推行"公司＋农户＋研游"模式，必须培育带动力强的龙头企业
农业龙头企业是农业产业化经营的新型组织者、带动者和市场开拓者。"公司＋农户＋研游"模式在有些地方实施的效果并不理想，主要原因是缺乏经营理念新、生产效益好、社会责任感强的龙头企业来带动。九源丰农业开发有限公司成立 7 年来，始终坚持以质量求生存、以农户为依靠，保持了稳定的销售市场和持续不衰的发展动力，既具备带动农户的条件，又具有带动农户的责任，这是推行"公司＋农户＋研游"模式的重要前提。为此，要按照宜丰县优势农业产业发展需求，分产业大力培育像九源丰农业开发有限公司这样的高素质龙头企业，提升产业化经营水平，促进现代农业发展和农民增收致富。

2. 推行"公司＋农户＋研游"模式，必须确保农民稳定增收 公司几年来的实践证明，要与农民结成利益共同体，关键在于能否保持农民持续增收。对于当地农民来说，增加收入是硬核，不能实现增收的产业化作用不大。九源丰农业开发有限公司在多年的发展中，从不站在农民利益的对立面，而是尽最大努力来维护农户利益、保障农户收入，稳固了与农户抱团的和谐关系，成为企业战胜困难的制胜法宝。

3. 推行"公司＋农户＋研游"模式，必须加大政府扶持力度 九源丰农业开发有限公司在"公司＋农户＋研游"模式实施中付出了很大的努力，无论是建基地还是联农户，公司在某些环节明显感到有些力不从心。例如，在基地配套设施建设资金融资、资金紧缺、技术培训、自然灾害补偿机制和土地流转协调服务等。为此，政府应适当调整对农业产业化经营的支持方式，把龙头企业列入重点扶持对象。

推行"公司+农户+研游"模式，必须培育带动力强的龙头企业	推行"公司+农户+研游"模式，必须确保农民稳定增收	推行"公司+农户+研游"模式，必须加大政府扶持力度

江西乐平：众埠镇创新企业

导语：建立完善龙头企业与农牧民利益联结机制，是农业产业化经营的核心问题。近年来，江西省乐平市众埠镇积极探索完善龙头企业与农民利益的联结机制，龙头企业和农民利益联结方式呈现出多样性、组合式的多种模式并存发展态势，基本形成"企业＋种养大户""企业＋合作社＋农户""企业＋基地＋农户"等发展方式。通过重点推广订单合同型、股份合作型、服务协作型、辐射拉动型4种紧密型利益联结模式，切实把土地集中起来、群众组织起来、资源利用起来，实现企、社、民三方抱团发展，有效保障广大农民持续增收致富，实现了互惠共赢。目前，众埠全镇有龙头企业26家，农民专业合作社56家，带动3万农民参与农产业开发。

一、主体简介

众埠镇地处赣东北腹地，弋阳、德兴、万年3县市交界处，是乐平市农业强镇、江西省首批边贸重镇、全国重点镇，所属的文山石林是国家AAAA级风景区。全镇下辖32个村委会、2个社区或居委会、1个茶场和2个林场，共197个村小组24 786户，人口10.36万人。辖区耕地8.5万亩，拥有水库262座，山林22.8万亩，水域万余亩。近年来，众埠镇立足于本地资源禀赋，大力发展优质稻、翠冠梨、东魁杨梅、中华大闸蟹及雷竹、油茶等特色产业，培育发展了沃博药材、中绿苗木、粤德花卉、百绿果业、江西丑牛、森泰孔雀、丰隆畜牧等骨干农民专业合作社和农业产业化龙头企业26家，基本形成了"南牧北菜、东果西苗、中部粮油、绿线穿珠"的特色农业新格局，催生了万亩设施蔬菜、万亩特种水产、万亩优质水果、万亩花卉苗木、万亩有机大米、万亩保健药材共6个规模化特色农业基地，以家庭农场为重点，生态种养异军突起，倪家村20万羽卤鸭饮誉赣东北，400多亩中华大闸蟹香飘沿海名城。

二、主要模式

1. **百绿果业"股份合作型"**　农民以自己承包的土地、大棚等资产要素入股龙头企业，并参与、监督企业的经营管理；龙头企业以资金、技术等要素入股合作社，采取二次利润返还和按股分红方式，让农民分享利润。江西省百绿农业发展有限公司和农民通过入股进行利益联结，建立起紧密的农企利益共同体。在种植业方面，采取"公司＋集体＋合作社＋农民参股"的合作模式。首先由村委会集体组织农民以土地入股，组建种植专业合作社，流转土地2 000余亩，公司以农业全程种植技术和冷藏设施服务入股合作社；合作社负责组织、管理、协调农户，保障公司正常经营秩序；村级组织负责监督公司经营情况，保证农户利益最大化。公司负责培育种苗、统供农资、品牌营销、平整山地、培训果农等，并保证村集体、合作社和农民分红。由合作社作抵押为贫困户每户担保贷款5万元，由公司统一运作经营，政府按有关扶贫政策补贴利息，公司负责偿还本金，种植风险由公司承担，贫困户享受保底分红。贫困户签订协议，银行贷款资金和政府整合资金到账之日起，每年领取6 000元的分红。经过5年打拼，公司"远甜牌"翠冠梨获江西省著名商标认定。近年来，公司与江西农大、省农科院园艺研究所深化技术合作，并通过购买种植保险，为保护农民利益筑起了一道防火墙。政府对新发展特色果品基地继续实行以奖代补，对规模种植大户给予重点扶持，对通过绿色认证或QS认证的龙头企业给予适当奖励。百绿果业积极发展订单生产，完善产销服务体系，建立物流冷链保鲜库组织保护价收购，有效规避了果农的市场风险。公司依托星创天地项目，投入30万元作为翠冠梨网上推广专项经费和物流补贴，破解产品冷藏、运输、销售等难题，打造清晨采摘、冷藏降温、专业鲜护包装、定制冷链物流等多重鲜护保障模式，确保翠冠梨"从枝头到舌尖"的高品位。创新销售模式，探索"互联网＋果品物流"模式，拓宽水果销售渠道，实现网络平台销售。众埠镇的农机合作社、沃博扶贫产业基地也属股份合作型；思红蜂业在众埠镇养蜂基地实行返利营销，合作社提取定额公积金，用于蜂具更新补贴费用。

2. **丰隆畜牧"服务协作型"**　龙头企业发挥自身优势，自建原料生产基地或牵头自建合作社，出台优惠政策吸引广大农户加入，积极向其提供产前、产中、产后一条龙服务。龙头企业负责为农户提供种苗、饲料、防疫、养殖技术、资金扶持、统一收购等服务。农户负责向龙头企业提供优质畜产品，保证其质量，达到双赢。丰隆畜牧积极探索"政府＋公司＋基地＋合作社＋农户"的生产经营模式，帮助周边养殖户成为现代牧场主，每年与周边村 360 户农民开展合作养殖，从禽苗发放、疾病防治、饲养技术、产品包装销售等方面提供全程服务，极大地提高了农户收益。2016年，在丰隆畜牧养殖专业合作社的基础上，投资 2 000 万元，注册成立了丰隆畜牧有限公司，进一步延伸产业链条，产品远销福建、浙江等地。由此带动 500 户农户脱贫致富，人均年增收 6 000 元。2020 年饲养卤鸭规模达到 20 万羽，年带动贫困户 1 000 户 3 000 多人，贫困户年稳定收益达到 8 500 元。

3. **铜钵薯业"订单合同型"** 通过签订订单方式，企业与农民约定交售农产品的品种、质量、时间、价格，农民按照双方约定开展种养，最后由企业来收购。既使龙头企业有了充足而稳定的原料来源，又稳定了农产品价格，让农民有钱挣，也让农民的农产品有了稳定的销售渠道。众埠镇铜钵薯业有限公司以订单种植作保障，建立了较为完整的"公司＋基地＋合作社＋农户"的甘薯产业化经营模式，与农户建立了良好的利益联结机制。甘薯种植面积从 2018 年的 400 亩发展到 2019 年的 1 800 亩，完成订单种植 2 000 亩，收购价格稳定在每千克 1 元以上，实行分级收购，按质论价，仅甘薯收购价上调一项，累计让利农民 200 万元，并全部以现款的方式足额兑现。

通过甘薯-马铃薯轮茬，在河套区实现一年四季无闲田，亩均年收益在 2 600 元以上，成为沿河区适应性调整的典范。方山村的秋良公司通过提高薯尖收购价格，并兴建了保鲜库，添置配送车，实行即时采收、限时收购，避免薯尖老化，将部分营销利润返还给农户，使种植基地不断拓展，给农民吃了一颗"定心丸"。同时，企业和政府加大种植补贴力度，通过开展科研合作，铜钵薯业对甘薯开发利用进行合作攻关，初步掌握了育苗、栽培方法，从而开辟了甘薯产业发展的新天地。为推动甘薯产业富民，铜钵薯业相继建立了 6 个甘薯示范片，积极开展种苗繁育，推广轮作间作、土壤消毒技术，推广高密度栽培及地膜覆盖栽培技术，"大薯走（加工）厂家，小薯进市场（餐饮馆、酒店、宾馆），等外薯做饲料（蒙牛集体南昌基地）"，闯出了一条"公司（合作社）＋基地＋农户"的新路子，延伸了甘薯产业链。鼓励甘薯种植家庭农场、公司以科研单位为技术依托，与农户签订生产合同，与超市签订购销协议，形成产学研、产加销一条龙，全镇现有甘薯标准化生产基地 4 600 亩。

4. **江西沃博"辐射拉动型"** 采用以"龙头企业＋合作社＋贫困户"的扶贫模式，通过优惠种苗、全方位无偿服务的办法，辐射全镇农户。近年来，骨干龙头企业江西沃博农业生态科技发展有限公司在完善利益联结机制方面不断推陈出新，开展"六统一"服务（统一品种供应、统一技术指导、统一病虫防治、统一技能培训、统一产品营销、统一商标品牌），为广大药材种植农户提供全方位、多层面的优质服务，不断壮大专业合作组织，克服了单家独户小规模、低投入、低产出的小农经济局限性和对土地等资源过分依赖性，提高了农民进入市场的组织化程度，加快了现代农业的发展进程。

目前，随着专业合作社影响力的不断扩大，种养效益一路攀升，合作社成员由最初的 104 户增加到 280 户，辐射带动周边乡村抱团发展。从合作社成立至今，专业合作社通过"合作社＋农户"紧密型合作方式，短短一年内累计投入帮扶资金 30 万元，结对帮扶 40 户建档立卡贫困户 69 个贫困人口脱贫，并通过合同制向当地农民提供了用工就业岗位 120 个，月均工资 3 000 元，为推进药材标准化生产起了带头示范作用。同时，公司向高桥村集体每年上缴荒山租金 44 万元，壮大了村集体经济。截至目前，公司辐射带动农户 1 200 户，已新建 100 亩以上成片药材基地 6 000 亩，注重良种育繁推，公司 800 亩药材基地和 200 亩鲜果采摘休闲基地均通过省级"三品一标"认证，确保高品质果药基地建设。狠抓重点项目、建设示范基地，辐射带动周边万亩药材基地建设，基本形成了"龙头企业＋产业基地＋合作社＋种植大户"的产业化经营模式，组织培训农民 200 多人次，发放科技资料 2 000 余份。通过辐射拉动，农户年均增收 1.26 万元。公司与农户推广"订单收购＋分红""土地流转＋优先雇用＋社会保障""农民入股＋保底收益＋按股分红"等利益联结方式，让农民卖农（产品）金、挣薪金、收租金、分红金、得财金，增加农民跨界增收、跨域获利渠道，探索了产权层面深度融合的新机制。

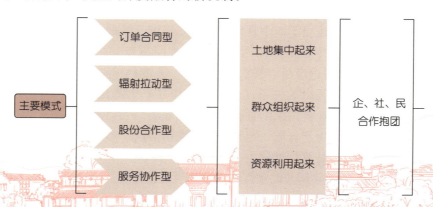

三、主要做法

1. 建立健全工作机制　按照《乐平市关于进一步完善农企利益联结机制的意见》《关于进一步完善农企利益联结机制的推进办法》等文件精神，研究制发了《众埠镇关于进一步建立和完善龙头企业与农民利益联结机制的实施意见》和《众埠镇农民增收三年行动方案》等文件，并成立书记、镇长为组长的建立和完善龙头企业与农民利益联结机制工作领导小组，明确职责分工，进一步完善职能。同时，因地制宜，立足资源禀赋和产业特色，打造特色经济板块。整合扶贫开发、产业发展、高标准农田改造等资金项目，组织专家实地考察，对扶持项目进行论证，立足实际因地制宜做规划、选产业、定项目。对六大特色产业提出基地建设、质量安全、主体建设、市场拓展等内容的总体要求，修订发展规划，并按年度分解各阶段目标，指导全镇特色农业的发展，优化产业布局，提升产业素质。严格按照项目规划实施，强化项目资金监管，确保各项目科学合理有序推进。立足资源禀赋和产业特色，坚持实行一个产业、一名领导、一个部门、一套班子、一块资金的"五个一"捆绑推进机制，围绕六大主导产业做文章，打造特色经济板块。

2. 加大政策资金扶持　围绕主导产业发展壮大龙头企业，统筹安排涉农专项资金，每年拿出 300 万元重点用于龙头企业与农民利益联结机制的建立及完善；在积极搭建银企合作平台、促成金融部门与骨干龙头企业开展合作方面，累计为 16 家龙头企业发放扶贫贷款 3 200 万元，覆盖农户 1 860 户。截至目前，全镇培育省级龙头企业 3 家，市级龙头企业 8 家；培育合作社 56 家，社员总数达 1.2 万人。全镇 3 万农民参与产业化经营，人均纯收入达 14 686 元，其中，来自农业产业化收入达到 7 620 元，占农民人均纯收入的 51％。

3. 完善利益联结机制　一是推进土地承包经营权有序流转，引导农民入股企业。在开展土地确权基础上，允许农村集体经营性建设用地出让、租赁、入股，增加农民财产性收入，鼓励引导土地向强势企业、骨干专业合作组织和经营大户集中，发展多种形式的规模化、集约化经营，提升农业生产经营水平。二是规范农民经纪人专业队伍，稳定购销关系。建立农业专业营销协会，培育扩大经纪人队伍，完善经纪人经营行为监督制度，增强经纪人的契约意识，完善同龙头企业和农民三方合理利益分配机制，形成相对稳定的购销关系，搞活农产品营销。三是创新金融担保机制，拓宽融资渠道。实行动产质押等多种担保形式，扩展抵质押品范围，为金融机构信贷产品创新提供条件。对额度大及大项目的农户资金需求，创新"合作社联保"和"农民专业合作社联姻"贷款品种，破解企业融资难、担保难的问题。四是向科技创新和协作服务要效益，确保农民收益。积极发挥龙头企业技术优势，引导龙头企业走出去、请进来，通过"六统一"为农服务，在科技创新和协作服务过程中给农民增收致富创造机会。五是积极探索"龙头企业＋合作经济组织＋产业基地＋农户"的产业化经营模式，建立现代农业产业基地，鼓励农民自主兴办合作经济组织，深化农村"三变"改革，鼓励农户以土地、资金入股的方式加盟合作社、龙头企业联合经营，实现平等互利、风险共担、利益共享、长期收益。公司和农业经营主体主动承担社会责任，最大限度地整合资源参与产业开发，合作共赢。

    4. 强化项目引擎作用　该镇水果、茅蔗糖、油茶、食用菌、畜禽、水产六大特色产业组建了56家农民专业合作社，强化具体措施，安排千万元资金扶持产业基地规模发展、龙头企业培育和农业品牌建设。一是在项目村修公路、改水渠、建塘堰，发展茶园、药材和畜禽等特色种养业，使项目村基础设施得到极大改善，生产发展能力得到较大提高，为农民增收致富拓宽了新天地。二是为提升发展成效，该镇建立了政府主导、部门联动、定期考核、民主监管为一体的长效机制，推动特色产业健康有序发展。制定产业发展规划，采取有效措施强化督查验收；强化政策引导，细化分解发展目标，将工作任务落实到村组、农户，并突出各自特色，一村一品、一乡一业的产业格局初具规模，有力促进了农业特色产业的可持续发展。三是抓基地建设，注重规模化和标准化。在基地建设中，充分发挥大户带动作用，走"公司（合作社）＋基地＋农户"之路，实施连片开发、规模化发展。截至目前，全镇已有50亩以上规模化基地和4亩以上生产大户20余家。四是抓龙头企业发展，注重品牌建设。全镇产业化龙头企业26家，其中，省级龙头企业3家、市级8家。按照特色农业发展需要，多层次、多渠道、多形式培植发展龙头企业，充分发挥龙头企业、农民专业合作组织在发展特色农业中的带动作用。五是注重加强能人大户和农民经纪人队伍培育，抓好农业产业化骨干龙头企业培育，在资金和项目安排等方面予以重点倾斜。截至目前，全镇农业产业化企业实现产值1.69亿元，农民经纪人队伍壮大到690余人，带动7 000余户3万人脱贫致富。

    过去众埠农民普遍缺乏品牌意识，由百绿果业公司牵头，联合域内果品经纪人和社员果农自愿组建专业合作经济组织，以加强诚信建设为重点，实行风险共担、利益均沾，推行"专业合作社＋龙头企业＋专业大户"三位一体的果品产业化经营模式，采用订单农业方式，与广大果农签订合同，公司对果农进行二次返利，极大激发了果农的积极性。目前，入社农户已达 1 200 户，入社农民人均果业纯收入达 4 000 元。通过统一标准收购、统一冷藏加工、统一品牌营销，果品质量稳中有升，果品销售价每千克提高了 16 元，比较效益明显，成为果农增收的亮点。

四、主要成效

1. **利益联结，实现乡村产业快速发展** 通过建立和完善龙头企业与农民紧密型利益联结机制，农业产业化经营快速发展，实现了农企双赢，推动了农业转型升级，促进了产业品质提升和品牌打造。新型农业专业合作组织的发展壮大，规范了种植行为和投入品使用，培育了农民绿色生态理念，绿色标准化观念深入人心，提升了农产品市场竞争力。同时，促进了企业与农户之间的连心连利和社员农户之间的互帮互助，为农民解决了生产发展中的缺资金、缺技术、缺信息、缺劳力等难题。

2. **扶持引导，实现紧密型利益联结模式** 通过抓龙头、建基地，抓组织、连农户，抓科技、建园区，抓质量、创品牌，抓追溯、保安全，抓宣传、拓市场等措施，逐步建立起合理的龙头企业与农民的利益联结机制。重点推广了订单合同型、股份合作型、服务协作型、辐射拉动型 4 种紧密型利益联结模式，实现龙头企业与合作社、农民共进共赢。同时，建立了龙头企业与农民利益联结机制联系人制度，并确定包联企业联系人。全镇 80% 的龙头企业与合作社及农牧户形成了有效的利益联结，65% 以上农户进入产业链条，辐射带动农户 7 万余人。

3. **农企联手，实现企业与农民互利共赢** 通过探索创新龙头企业与农民利益联结机制，农民以土地、劳动力等要素参与到企业经营中，通过股份合作等方式建立起紧密的利益共同体，实现了让农民借船出海、抱团增收，让企业借鸡生蛋、创收盈利。江西沃博现代农业有限公司积极探索实践，构建"土地变资本，村民变股民"的利益联结机制。通过两年的发展壮大和不断努力，带动周边 6 个村百余贫困户直接脱贫，600 户农民间接受益，使农户亩均年收益提高了 400 多元。

4. **风险共担，实现企业与农民抱团发展** 通过订单种养、价格保护等方式，实现了企业与农户抱团发展，增强抵御市场风险能力，让农民心有底、有钱挣，让企业有原料、能盈利，让市场有放心的农产品。

5. **资源共享，实现企业与农民利益均沾** 通过"公司+农户"的利益联结模式，把先进理念、实用科技、创新服务推广到农民中，让农户及时享用到企业的基础设施、市场信息、技术培训等一条龙服务，使农民分享到产业发展壮大带来的利润。

6. 扎竹成排，实现农民素质大提升 以龙头企业、专业大户、家庭农场为主体，指导组建各类农民专业合作社。合作社采取统一品牌、统一生产、统一技术、统一销售的方式，组织农户抱团闯市场，并通过与农业龙头企业签订产供销合同，以发展订单农业的方式促进参加合作社的农民增收致富。同时，积极协助合作社组织农民参加各类法规、技术培训，学习标准化种植新技术，使群众科技致富素质得到明显增强。

7. 拢指成拳，实现农业结构优化和土地流转规范运行 众埠作为农业大镇，人均不足一亩耕地。如何围绕土地做足"农"字文章，带动农民脱贫致富？该镇在优化农业产业结构上积极探索，依托交通、区位优势拓展蔬菜产业布局，引进绿色蔬菜公司，市财政投入巨资通过流转土地建成德昌高速沿线万亩蔬菜种植带。黄铁炉核心示范区已建成省级现代农业科技示范园区，建成 2 000 亩设施蔬菜基地推行工厂化育苗、节水灌溉、无土栽培、嫁接授粉、物联网等先进农业技术和手段得到运用，引进了名特优新品种 80 余个。同时，蔬菜园区通过返聘让菜区村民进园务工，实现由"粮农"向"菜农"的转型，人均年增收近 3 000 元。

8. 土地流转，实现农业规模化发展 目前，全镇流转土地 2.67 万亩，其中耕地 1.75 万亩、林地 9 200 亩。仅菜区耕地就流转 3 000 余亩，粤德、中绿、三八农艺 3 家苗木花卉企业流转农林地 5 000 余亩，全镇农业合作社达 56 家，吸纳社员 460 余人。"公司＋合作社＋基地农户"的产业化经营模式，促成了银企合作，破解了龙头企业发展难题。金融部门对以江西丑牛、森泰特种、丰隆牧业为代表的 21 家农业龙头企业落实信贷1 200 万元，扶持企业扩大生产规模。目前，已形成江西丑牛公司年出栏3 000 头肉牛、森泰特种年出栏 5 000 羽孔雀、丰隆牧业年出栏万头生猪的规模。

五、启示

产业振兴是乡村振兴的突破口和支撑点，也是确保农民脱贫致富的主抓手，能有效整合土地资源，发展规模农业。它打破了传统的撒胡椒面格局，统筹整合资金资源，破解资金难筹措、病虫难防治、产品难营销等难题，立足区域资源优势，实现了绿色产业发展目标和靶心施治，体现了共享发展的本质要求，是新时期乡村产业发展的生动实践。

1. 政府引导是根本 推行适应性、效益性调整，是实现乡村产业可持续发展的压舱石。众埠镇因村制宜发展规模化生态种养和乡村旅游产业，更加注重授人以渔，提高自我发展能力。实施连片开发，构建产业支撑。按照高起点、大手笔、全方位的要求，编制特色优势产业连片开发规划，坚持一村一品和一村多品的布局实施连片开发项目，推进主导产业规模化、专业化、信息化和品牌化，提高组织化程度，延伸产业链条，形成产加销一条龙体系，为农户脱贫致富构建产业支撑。众埠镇联合各部门集中打造产业发展的新平台是培育主导产业的基础。三年来，通过镇党委、镇政府的组织协调，叠加多重优势，推进项目建设，全镇基本形成了"一村一品、一镇一业"的产业化经营格局，成为群众稳定增收的主渠道。

2. 资金整合是关键 产业开发是一项系统工程，需要动员多方力量，整合各方资金，集中投入主导产业，实现产业开发社会化是培育主导产业的关键。众埠镇把产业发展工作放在乡村振兴的大盘子中统筹规划，按照各投其资、各计其功的原则，在农村产业发展领导小组的统一部署下，实行统筹安排、综合调度、捆绑使用、集中投放，最大限度地覆盖农户。众埠镇整合高标准农田建设、农产业发展、扶贫开发、农业生态修复和治理等生产经营性资金以及试点县的涉农资金，集中向特色生态产业投放，形成了多部门项目资金整合、捆绑使用的新格局，为乡村振兴奠定了坚实的资金基础。

3. 龙头带动是载体 如何破解农产品卖难问题是新时期乡村产业振兴的关键。分散的小农户要实现与日趋成熟的大市场对接，才能取得显著的经济效益，龙头企业要依托市场网络、营销手段、业态创新等优势，用利益联结将龙头企业与农户连心连利，使龙头企业成为项目实施和资金周转的有效载体，促进农业产业市场化。近年来，众埠镇加大对农业龙头企业的扶持力度，先后扶持了46家种养大户、龙头企业。通过龙头企业与农户直接签订产销合同，组织农产品进入市场，有效解决了农产品卖难问题，实现了分散经营户与大市场的对接，增强了市场竞争力，保障了农民的利益。

4. 专合组织是桥梁 为农户搞好产前、产中和产后服务，是项目顺利实施、确保农民增收的关键。乐平市依托现代农业示范区组建产业合作社，实现规模化、标准化生产的工作思路，在众埠镇先后建立了56家合作社。目前，全镇已有近3万农户入社。农民专业合作社定期组织农民进行参观培训、经验交流和外出考察，不但提高了农民的组织化程度，还有效破解了农户缺技术、缺信息的难题。通过几年的不断探索实践，众埠镇运用市场手段，让农户与合作社组织实现利益联结，结成了利益共同体。目前，该镇每一个产业链都有几家合作社带动，成功地总结出六大特色产业链式经营模式，规模日益壮大。合作社充分发挥了为农民增收致富服务的桥梁作用，使贫困农户变单打独斗成为抱团发展。

江西新余：欣欣荣农业科技有限公司

　　导语：欣欣荣农业科技有限公司（以下简称"欣欣荣公司"）是一家集食用菌种植、培育研发、技术推广、加工销售于一体的农业产业化省级龙头企业，法人代表付小华。以付小华（合作社理事长）领衔主办的香菇种植农民专业合作社——新余市欣源种养农民专业合作社为统领，下辖32家香菇农民种植专业合作社、2家家庭农场和18家香菇种植大户，组建成了欣欣荣食用菌产业化联合体。付小华因家境贫寒，18岁就外出打工，历经艰辛，在掘得人生第一桶金后，毅然返乡创业。2015年7月，他创办了欣欣荣公司。6年来，公司始终秉承发展产业、带动乡亲、回馈社会、造福大众的经营理念，在促进食用菌产业不断发展壮大的同时，积极参与精准扶贫、脱贫攻坚、颐养之家关爱、捐资助学等社会公益事业，累计捐款捐物达千万元，受到党和政府以及社会各界的普遍赞扬和好评，为农业增效、农民增收、脱贫攻坚和乡村振兴作出了应有的贡献。

　　欣欣荣公司先后获"农业产业化省级龙头企业""国家农民合作社示范社""江西省扶贫就业示范单位""江西省千企帮千村精准扶贫先进企业"等多项荣誉称号。法人代表付小华先后获"首届江西省青年创业风云人物""江西省优秀青年企业家""新余市突出贡献人才""新余市扶贫之星""新余市精准扶贫精准脱贫捐赠典型"等多项荣誉。

一、食用菌产业发展情况

　　1. 公司基本情况　　欣欣荣公司是一家集食用菌种植、培育研发、技术推广、加工销售于一体的农业产业化省级龙头企业。公司成立于2015年7月，注册资本888万元。公司位于新余市渝水区下村镇袁家村委塘里村，该地山清水秀、环境优美。公司租赁流转土地2 399亩用于食用菌种植，通过几年的快速扩张，公司现有员工318人，其中技术人员25人，产品注册商标为"草之灵"，主导产品有香菇、茶树菇、平菇、杏鲍菇、木耳等。公司常年聘请台湾食用菌资深专家作为技术顾问，与上海食用菌研究所、江西省农业科学院农业应用微生物研究所签订了长期技术研发合作协议。

公司已投资 8 000 多万元建成了现代化食用菌生产、培育和深加工流水线，拥有食用菌生产车间、智能恒温出菇大棚 20 万余平方米，是江西省最大规模的食用菌生产基地。目前，公司已在广州、长沙、南昌、萍乡、宜春、赣州及新余本地农产品批发市场建立了销售集散中心，产品远销上海、青岛和深圳等沿海大城市，供不应求。2018 年完成销售收入 8 325.49 万元，实现利润 906.47 万元。2018 年底，公司资产总额达到了 6 730.97 万元。公司始终坚持诚信经营、顾客至尊的原则，不拖欠职工工资、不欠职工社会养老保险金，是银行优质客户，取得了良好的经济效益和社会效益，获得了社会各界的一致好评。

2. 欣欣荣食用菌产业化联合体情况　新余市欣欣荣食用菌产业化联合体（以下简称"联合体"）是一家以欣欣荣公司（省级农业产业化龙头企业）为牵头单位，联合 32 家农民专业合作社、2 家家庭农场和 18 家香菇种植大户组建而成的农业产业化联合体。联合体成立于 2018 年 9 月，成立了联合体理事会，选举了理事长及成员，制定了联合体章程。联合体以欣欣荣公司为龙头，依托欣欣荣公司食用菌现代化工厂生产规模优势、产品品牌优势、市场网络优势，坚持以市场为导向，以品牌为纽带，推行标准化生产，实行产加销一体化经营。通过"公司＋基地＋农民合作社＋农户（贫困户）""公司＋基地＋家庭农场或种植大户"等农业产业化经营模式，以订单农业、股份合作、入股分红等方式，与农户形成了紧密的利益联结共享机制，发挥各经营主体优势，协同发展，互惠共赢，带动农户增收致富，取得了良好的经济效益、社会效益和生态效益，促进了产业提质增效。联合体通过农业产业化订单农业的运营，增强了龙头企业的带动能力，提升了农民专业合作社的服务能力，发挥了其在农业产业化联合体中的纽带作用。

二、主要模式

1. 模式概括　欣欣荣公司通过"公司＋基地＋农民专业合作社＋农户（贫困户）""公司＋基地＋家庭农场＋农户（贫困户）""公司＋基地＋种植大户＋农户（贫困户）"的农业产业化经营模式，充分发挥了龙头企业的带动与辐射作用，使农户实现了家门口就业，变输血式扶贫为造血式扶贫。2018 年，欣欣荣公司食用菌生产基地被新余市人民政府确定为精准扶贫、脱贫攻坚产业基地，被江西省人力资源和社会保障厅授予"省就业扶贫基地"和"新余市扶贫生产车间"等称号，公司有效地带动了所有联结农户脱贫致富奔小康。

几年来，欣欣荣公司不断探索产业扶贫新路径，创新与农户（贫困户）的利益联结机制和模式，实现了多方共赢。具体扶贫联结模式有：

（1）贫困户经营性收益联结模式。公司通过"公司＋基地＋合作社＋扶贫车间＋农户（贫困户）"形式，组织贫困户开展食用菌种植，公司统一制作菌包、统一发包给贫困户种植、统一提供无偿技术服务、统一保底价收购包销产品等措施，帮助贫困户就地创业，获得稳定的经营性收入。

（2）贫困户工资性收益联结模式。公司通过安排有劳动能力的贫困户到公司扶贫车间，扶贫专岗务工就业，且获得稳定可观的工资性收入。

（3）贫困户股份制合作利益联结模式。公司与香菇农民专业合作社采取股份合作制形式（公司、合作社各占50％股份），合作社吸纳贫困户参与食用菌种植，享受收益分红。目前，公司联结了18家农民专业合作社，建立了合作共赢的利益联结机制。

（4）贫困户认领菌包种植管理联结模式。贫困户根据规模自领菌包，公司以每包1元的管理费给贫困户，再通过统一技术指导、统一收购、统一品牌、统一销售等举措保障贫困户稳定可靠的收入。

（5）贫困户一次性买断菌包种植管理联结模式。贫困户以一定的价格一次性向公司买断菌包，自行管理，公司统一保护价回收产品，确保贫困户稳定收益。

（6）吸纳政策及干部扶贫专项资金。入股香菇农民专业合作社按20％收益参与分红，保障无劳动能力的贫困户收益。

2. 发展策略 欣欣荣公司为做大做强做优食用菌主导产业，依托现有的产业特色、规模品牌优势，以乡村振兴战略为契机，凭借塘里村千年古樟群景观及得天独厚的地理环境优势，着力打造以食用菌产业为基础、以现代农业为核心、以绿色旅游为特色、以观光游憩为方式、以独特地形为依托、以生态文化为灵魂的三产融合田园综合体项目，塑造了一个"叫得响、传得开、留得住"的休闲农业品牌，推动农业由单一功能向生态、休闲、文化等功能拓展。欣欣荣三产融合田园综合体项目主要建设内容为食用菌生产加工科普示范区、园区游客集散中心、食用菌科技博览园（百菇园）、香菇采摘体验区、有机无公害蔬菜体验采摘区、亲子游拓展活动项目、农耕菌类文化展示区、民俗文化村、休闲生态农业景观游、香菇深加工展示区等。项目预计总投资4 000万元，目前已完成投资3 500万元，已全面完成项目设计规划、土地平整、道路管线等基础设施建设，完成1.1万平方米的菌类科普展示馆及菌菇采摘园、农业观光园、香菇大棚建设。欣欣荣公司在金秋十月举办了首届蘑菇采摘节活动，迎来八方游客前来观光赏菇（千姿百态的食用菌）；体验蘑菇采摘，品蘑菇盛宴，参观食用菌种植、繁育、生长、收获全过程，了解菌类文化，感受科技的神奇力量。随着田园综合体项目、休闲观光生态示范农业以及亲子游乐园等科目落地，食用菌产业将得到大提升，带动乡村社会经济大发展，推动民俗农耕文化大繁荣，为游客提供一个休闲旅游、生态观光、体验采摘、食用菌科普教育、民俗文化体验的大舞台。让农民分享产业红利，共享休闲农业带来的收益。

三、利益联结机制

1. **有分有合，协调发展** 联合体通过"龙头企业＋基地＋农民专业合作社＋家庭农场、香菇种植大户（贫困户）"等农业产业化经营模式，充分发挥龙头企业的产业引领与辐射作用，目前与分宜县钤山镇、洞村乡、渝水区下村镇、人和乡、鹄山乡、南安乡、良山镇等乡镇组建了32家香菇种植农民专业合作社和2家家庭农场，联结了18家香菇种植大户，与他们建立了紧密的利益联结机制。龙头企业通过统一提供无偿技术指导、赊销菌棒、订单形式、保护价收购、统一品牌等生产销售保障措施联结和带动农户3865户，其中，贫困户2183户，带动农户人均年增收1.5万元，户均年增收2.8万元以上，解决当地农民1506人就业，使农民（贫困户）实现了家门口就业。欣欣荣公司负责菌棒生产培育，合作社、种植大户负责大棚出菇管理，公司统一收购产品、销售，各负其责、协同发展，小小蘑菇成就了脱贫致富的大产业。

2. **集中统一，凸显品牌** 欣欣荣公司依托食用菌主导产业，大力发挥省级龙头企业的引领带动与辐射作用，充分利用生产规模和品牌优势，坚持以市场为导向、以品牌为纽带，推行标准化生产、市场化运作，实现了"八个统一"，即统一菌种、统一标准、统一指导、统一检验、统一销售、统一研发、统一储运、统一品牌，切实提高了产品的核心竞争力和品牌效益。通过统一集中、整合销售渠道，打造品牌，使香菇等农产品销售利润达到最大化，让每一个成员单位都能分享到欣欣荣公司发展的红利。贫困户每人每年可获得入股资金20%的保底分红，合作社利润30%的收益分红，仅此一项贫困户每年人均增收可达4000余元。实行产加销一体化经营，形成了紧密的利益联结共享机制，发挥了各经营主体优势，协调发展、合作共赢，带动普通农户（贫困户）增收致富，促进了产业提质增效。公司通过联合体的运营，大大增强了龙头企业的带动能力。

3. **保障产品安全，彰显社会责任** "民以食为天，食以安为先。"欣欣荣公司始终把产品安全、营养放心作为企业的责任和准则，在生产过程中严格按照食用菌生产工艺操作规程，依据有机产品的生产标准，实行从田间大棚到餐桌的全程有效监控，制定了产品可追溯制度及召回制度。每年质量技术监督和农产品检测机构的抽检合格率都达到100%，确保了产品质量稳定、安全。2018年5月，欣欣荣公司生产的"草之灵"牌香菇通过了有机产品认证。

四、主要成效

1. 做大主导产业，惠及更多农户　欣欣荣公司为做大做强做优食用菌主导产业，制定了未来5年产业发展规划，力争到2023年销售收入达到3亿元，在分宜县、渝水区等8个乡镇建立香菇扶贫产业基地15个，联结农民香菇专业合作社56家，联结家庭农场、香菇种植大户100家以上，成为赣西地区最大的食用菌产业聚集地。新余市特色产业，将带领周边乡镇农户脱贫致富奔小康，进一步提升食用菌产品市场占有率和知名度，造福一方。

2. 创新利益联结机制，打造利益共同体　脱贫攻坚靠产业，产业发展靠龙头。为进一步发挥省级龙头企业的引领带动和辐射作用，发挥合作社、种植大户、家庭农场等各经营主体的优势，欣欣荣公司不断探索与农户（贫困户）紧密的利益联结机制，创新合作模式。例如，通过推广采取种植农户自认菌包、种植户一次性买断菌包、入股合作社分红、有劳动能力农户（贫困户）参与龙头企业务工、参与蘑菇体验采摘、休闲旅游观光等多种方式，与农户形成互惠共赢的利益共同体，达到抱团捆绑、健康可持续发展。

3. 加快三产融合，实现多方共赢　为做大做强做优食用菌主导产业，延伸拓展产业链条，引领更多的农民增收致富，欣欣荣公司将以全面推进乡村振兴为契机，大力发展三产融合项目，新增休闲旅游观光农业、食用菌科技博览园、有机香菇、蔬菜体验采摘、亲子游乐园、农耕菌类文化科普展示等项目，进一步拓展产业化经营领域，引领更多的农户参与进来。按照联合体的运作模式：一是生产经营联动，根据市场需求，制订种植销售计划，实现统一调度管理；二是内部利益共享；三是提供多元化服务，使联合体的农户效益提高 30％以上，让更多农户分享产业带来的红利，让农户有更多的获得感和幸福感。

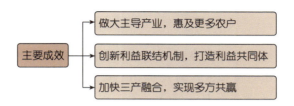

五、启示

欣欣荣公司在做大做强做优食用菌产业、促使产业升级的同时，始终不忘初心、牢记使命，积极参与脱贫攻坚和乡村振兴，引领农民增收致富奔小康。

河南孟州：邦园植保科技服务有限公司

导语： 近年来，邦园植保科技服务有限公司（以下简称"邦园植保"）紧紧围绕农业生产的规模化、组织化、集约化、产业化发展，通过成立或联结农机、储运、加工等不同类型的专业化生产服务组织，组建邦园现代农业服务业联盟，形成农业生产产前、产中、产后各环节的价值链整合体系，建立起涵盖农业全产业链、公益性服务与经营性服务互相补充、专项服务和综合服务统一协调的社会化服务体系，并通过"农技推广、植保防治、农机作业、质量追溯等核心服务＋N"等方式，以"田田圈""互联网＋"平台为依托，线上与线下相结合，为新型农业经营主体和农户提供全程"保姆式"服务，将服务内容向农业新业态、金融保险等深度延伸和广度发展，精心打造了焦作片区"一站式农业服务超市"，形成了独具特色的"产业联盟＋全方位社会化服务＋主体和农户"的现代农业发展典型模式，极大促进了现代农业生产组织形式的创新和发展。

一、主体简介

邦园植保是一家集农资直销、作物生产全程服务、农产品购销、农业金融服务于一体的农业综合性服务公司，是中国农药制剂上市公司诺普信控股的子公司。公司位于河南省孟州市，成立于 2013 年，下设种业、植保、农机、肥料、金融、科技、供销等农业生产环节的 7 个子公司，横向成立了覆盖济源、博爱、修武、温县、武陟、沁阳等地的 6 家分公司。公司拥有 1 个博士研究站、1 所农业技术"致良知"专业学院、2 个"互联网＋"现代农业发展平台、6 个销售服务公司、70 家全资直营店，开展的主要业务包括种子繁育、农资供应、测土配肥、植保防治、农机作业、金融服务、技术培训、烘干加工、产品购销、储存运输等农业生产一体化全程服务，年销售收入 3.2 亿元，纳税 340 余万元。

邦园植保秉承"让种植更轻松、让农民更幸福"的企业使命，从满足农业生产全过程、全方位社会化服务需求出发，以促进农业适度规模经营、提升农民组织化程度和农业专业化水平为己任，全面搭建了农业机械化、农村金融、现代种业、测土配肥、"田田圈"信息网、技术培育、精

准扶贫等专业服务平台，累计联结各类农民专业合作社、家庭农场等新型农业经营主体450余家和4万多农户，辐射服务耕地30多万亩，亩均实现增效160多元，社会效益和生态效益更加明显，为当地产业兴旺作出了巨大贡献。

二、主要模式

1. **模式概括** 邦园植保"产业联盟＋全方位社会化服务＋主体和农户"的现代农业发展模式，是一种新型农业生产组织形式，对巩固和完善以家庭承包经营为基础的农村基本经营制度具有重要意义，是农村组织振兴的有益补充。

(1) 组建农业生产服务业联盟。围绕农业供给侧结构性改革、推进农业高质量发展的工作主线，立足于构建现代农业产业体系、生产体系和经营体系，通过组建或联结的方式，将服务于农业生产各环节的专业化服务组织联合起来，依法组建产业联合会，共享市场资源，共同对接市场，实现互补互利，促进农业生产服务全覆盖、多方式、全方位、高质量发展，从而规范农业生产服务市场，创新服务技术模式，提升服务质量水平，为产业兴旺提供支撑。

(2) 提供全方位的社会化服务，主要体现在"全覆盖"和"多方式"上。"全覆盖"社会化服务不仅包括农作物生产的耕、种、管、收、储、加、销等各个环节，而且延伸到金融服务、多业态拓展、品牌打造等多样化需求。特别是通过推进"粮头食尾""农头工尾"的战略部署，打造产业链、延长供应链、提升价值链，推动农业全面升级、农村全面进步、农民全面发展。"多方式"社会化服务积极适应小农户多元化、多层次的农业生产需求，促进专项服务与综合服务相互补充、协调发展，除重点发展小农户急需的农资供应、绿色生产技术、农业废弃物资源化利用、农机作业、农产品初加工等服务领域外，重点创新农业生产服务机制，公益性推广与经营性服务相结合，面对面服务"线下"与信息化服务"线上"相结合，松散型单环节托管与成员紧密型联结相结合，产品购销型合作与入股分红型相结合，促进小农户与现代农业发展有机衔接，满足不同新型农业经营主体和农户的个性化需求。

（3）联结新型农业经营主体和农户。新型农业经营主体是发展多种形式适度规模经营的主体，培育、联结、服务新型农业经营主体是转变农业发展方式、增加农民收入、提高农业竞争力的有效途径，是建设现代农业的前进方向和必由之路。同时，由于我国人多地少，各地农业资源禀赋条件差异很大，很多丘陵山区地块零散，不是短时间内能全面实行规模化经营，也不是所有地方都能实现集中连片规模经营。在当前和今后很长一个时期，小农户家庭经营仍将是我国农业的主要经营方式。坚持以家庭承包经营为基础、统分结合的双层经营体制，是我国农村的基本经营制度，需要长期坚持并不断完善。只有在坚持家庭经营基础性地位的同时，通过为其提供专业化、全方位的社会化服务，促进小农户之间、小农户与新型农业经营主体之间开展合作与联合，形成规模化、组织化的形式，才能激发农村基本经营制度的内在活力，夯实现代农业经营体系的根基。

主要模式

产业
联盟
＋
全方位
社会化服务
＋
经营主体
和农户

2. 发展策略

（1）"全链条服务"模式。邦园植保在做好农资直销主业的同时，外延拓展、内涵提升，主动承接社会责任，结合农业生产特点，着眼于满足小农户和新型经营主体生产经营需要，立足服务农业产前、产中、产后全过程，重点在种子繁育、农机作业、测土配肥、农技推广、储藏运输、农村金融、加工销售、脱贫攻坚等方面拓展服务领域。成立了邦园种业公司，开展优质小麦种子育、繁、推一体化作业，年销售优质小麦种子8 000余吨；联结国内外大中型农机公司和周边农机专业合作社，自购自动拌种机、植保小飞机等先进农机，建设1 500平方米4S农机展厅，为4万多农户提供农机作业服务；配套建设测土配方施肥实验室，购建了自动化配肥机、水肥站等设施，年生产配方肥3.5万多吨；购建了大型自动烘干塔、标准化粮库等设施设备，加工储藏能力达到5万吨，基本形成了服务结构合理、专业水平较高、服务能力较强、服务行为规范、覆盖全产业链的农业生产性服务业。

（2）"六统一"模式。发挥邦园植保完整的服务产业链优势，由公司总部或各地分部牵头，立足于当地优势主导产业，通过统一供种供资、统一农机植保、统一技术服务、统一订单销售、统一创建品牌、统一金融支

河南邦园植保科技服务有限公司

农"六统一"模式，遵循专业化分工原则和市场化契约规则，积极创新利益联结机制，与当地新型农业经营主体或农户组成特色产业联盟，抱团取暖、协作共赢。特别是在金融支农方面，邦园植保联合深圳农金圈建立金融服务平台，为成员组织或农户发放信贷卡。信贷卡可在公司所有直销店购买农资，费用在产品结算中扣除。通过"六统一"模式，成员可以享受农业生产全方位、专业化服务，让"种田更轻松"。

（3）"生产托管"模式。邦园植保以"农机作业＋""农技推广＋""植保服务＋"等形式，纵横织网适应不同地区、不同产业小农户的农业作业环节需求，发展单环节托管、多环节托管、关键环节综合托管和全程托管等多种托管模式；与供销社、邮政系统及当地专业化服务组织建立合作关系，铺大做强，不断扩大农业生产托管服务的覆盖面，累计实现植保托管服务 32 万多亩、烘干储藏 5 万多吨、测土配方施肥 26 万多亩，以服务农业生产实现自身发展。

（4）"互联网＋"模式。邦园植保加快农业大数据、物联网、移动互联网、人工智能等技术向农村覆盖，建立了"田田圈"互联网联盟，通过信息化"线上"和"田田圈"农资实体店"线下"相结合，全方位对接农户需求，以"田田圈"O2O 服务平台、"田田圈"农集网（B2B）电商平台、"田田圈"农发贷（P2P）金融服务平台、作物圈社群，结合自建的

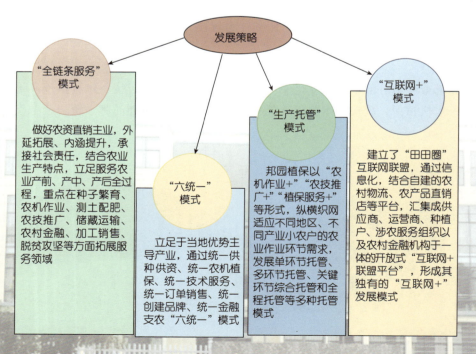

农村物流、农产品直销店等平台，汇集成供应商、运营商、种植户、涉农服务组织以及农村金融机构于一体的开放式"互联网＋联盟平台"，形成其独有的"互联网＋"发展模式，推出了农户线上产品选购、创客线上利润分配、会员线上信息查询及支付、农事服务等功能，构建了各种联结机制并存的农村互联网生态圈。

3. 主要做法

（1）提高农民组织化程度。组织化程度偏低决定了农民的合作能力较弱，导致集体行动时决策成本高、执行效能弱，形不成规模效益和市场竞争力。对此，邦园植保充分发挥龙头企业对农户的带动作用，完善农业产业化带农惠农机制，通过联户经营、联耕联种、环节托管、组建产业联盟等方式开展合作与联合，推进规模化和组织化生产；通过加强农产品初加工、仓储物流、市场营销等关键环节的建设，采取"公司＋农户、公司＋合作社＋农户"等方式，将松散的千家万户纳入现代农业产业体系；通过健全完善联结机制，规模生产、统一营销、信息互通、技术共享、品牌共创、融资支持，与农户形成稳定利益共同体，共建共商共享、共同对接市场，有效提升了农民的市场话语权和产品市场竞争力。

（2）创新农民利益联结机制。邦园植保在提高农民组织化程度的同时，不断完善公司带农惠农机制，通过订单收购、保底分红、二次返利、股份合作、吸纳就业、村企对接等多种形式带动农户共同发展，形成较为紧密的合作关系。健全盈余分配机制，可分配盈余按照成员与公司的交易量比例、成员所占出资份额统筹返还，并按规定完成优先支付权益，使成员共享合作收益。通过"田田圈"金融平台，以贷款贴息的形式，探索以合作金融为突破口增强农民合作组织利益联系与业务运作，积极发展生产、供销、信用"三位一体"的综合合作组织，进一步拓宽了成员的合作渠道和增收空间。特别是在各地建设的农业园区，鼓励农户以土地经营权、资源性财产等入股公司并采取特殊保护，探索实行农民负盈不负亏的分配机制，彰显公司社会责任，不断提高经济合作的稳定持续性。

（3）健全社会化服务体系。小农户的生产能力弱势，最直观的表现在于劳动知识能力、物质装备能力和技术创新推广能力偏低，更深层的原因则在于小规模、分散化的生产经营方式与以社会化大生产为基本特征的现代农业发展要求存在差距。近年来，邦园植保将自身发展与承担社会责任相结合，不断强化农业社会化服务建设的同时，发挥自身商业性质优势，把过去与农业农村相割裂的现代工商业乃至物流、金融、科研等整合其中，形成围绕农业全产业链条、涵盖一二三产业在内的涉农服务产业体系，极大地促进现代农业的规模化、专业化发展。特别是成立了博士工作站，建立了测土配肥实验室，建设了配方肥生产线，为 6 个市县 26 万亩耕地实行测土配肥专业化服务，替农民办了"想办但办不了的事"，为农业高质量发展作出了积极贡献。

　　（4）提升金融服务农业的水平。邦园植保充分发挥自身网络和辐射能力优势，与深圳农金圈合作，大力发展农村普惠金融，健全各成员信用信息征集和评价体系，探索完善无抵押、无担保的小农户小额信用贷款政策，不断提升小农户贷款覆盖面，切实加大对小农户生产发展的信贷支持。支持农业发展银行、中原银行等农业金融机构立足区域，建立融资担保体系，加大服务小农户力度，积极稳妥开展公司内部信用合作，依托自身互联网平台"田田圈"，建立"田田圈"农发贷（P2P）金融服务平台，采取产业链金融、互联网金融，在依法合规前提下为小农户提供金融服务，并通过贷款贴息、担保基金、联贷联保的形式，鼓励发展为小农户服务的小额贷款机构，开发专门的信贷产品，加大支农再贷款支持力度，引导金融机构增加小农户信贷投放，以多种形式解决农业发展的融资难问题。

　　三、利益联结机制

　　邦园植保在巩固完善农村基本经营制度的基础上，通过建立现代化的农业经营体系，创造条件提升小农户发展现代农业的组织化程度和能力水平、降低小农户对接大市场的生产成本和经营风险，并实现小农户与公司及各类新型农业经营主体间的合理利益分享和互惠互利，探索建立了各类形式的利益联结机制，促进了公司合作的可持续发展。

1. **共建共商共享型** 严格按照《农民专业合作社法》，在农村家庭承包经营基础上，农民按照自愿联合、民主管理的原则，以法律规定要求出资出物，成立互助性经济组织，成员以农民为主体，组织以服务成员为宗旨，共建共商共享，自负盈亏。

2. **产业联盟带动型** 即由龙头企业或农民专业合作组织牵头，通过统一供种供资、统一农机植保、统一技术服务、统一订单销售、统一创建品牌、统一金融支持"六统一模式"，遵循专业化分工原则和市场化契约规则，积极创新利益联结机制抱团取暖、协作共赢。

3. **资产入股分红型** 鼓励农民以土地承包权、自有财产权、资源性或经营性资产，量化入股公司或合作社，以及农业项目形成的资产折股量化到组织成员，组建股份经济合作社等新型经济组织，使资源变资产，村民变股东，增加农民资产性收入，激发农村发展活力。

4. **松散合作联结型** 这是农业生产组织形式最多的一种，合作联结关系较为松散，即通过产品销售、农机托管、技术服务等某个环节上进行合作，从而提升农业生产现代化水平和农民组织化程度，辐射带动农业发展。

四、主要成效

1. **实现了经营形式的创新** 立足主导产业，发挥资源优势，突出地方特色，打破区域划分，跨区域、多层次地联合与合作，不仅在经营形式上实现了创新，而且通过建立合作联社或合作组织联盟，支持新型农业经营主体开办加工企业、建设采购销售团队，提高合作组织延伸产业链的能力，增强其分享非农业生产环节利润的能力，是对家庭承包经营形式的一种完善和补充。

2. 健全了社会化服务体系　按照市场经济发展规律的要求，公司不仅承担了公益性的社会服务，在农业科研、教育培训、技术推广等方面提供服务，而且大力培育涉农投入品供给、生产作业、储运加工、金融保险等领域经营性服务主体，引导社会资金参与组建综合性农业社会化服务公司，为农业提供专业化或综合性生产服务，极大地丰富了农业社会化服务的内容和质量。

3. 提高了农产品的市场竞争力　分散式农户在对接市场过程中，基本不具备议价能力，且对市场波动缺乏预警能力和应对能力。而新型经营主体以多种方式与农户建立起的利益联结组织，不仅能在引入新技术、现代生产标准及管理理念、订单式解决农产品卖难等问题方面起到一定成效，而且在统一生产技术标准、提高产品品质、共同创建品牌等方面形成利益共同体，从而有效提高农产品的市场竞争力。

4. 增强了农民的发展能力　主要表现在：一是新型农业经营主体可以吸引和沉淀农村精英，并通过对经营主体带头人、种养能手等各类人群开展常态化培训，为乡村提供人才支撑；二是新型农业经营主体可以通过承接基础设施建设、一二三产业融合、农业产业园等项目，提升农业生产物质装备水平；三是可有效克服农业扶持政策"亲大农、远小农"的倾向，以家庭农户为基础创新农业经营体系，构建扶持农户发展的政策体系，将小农户导入现代农业农村发展的轨道上来。

5. 提升了农业集约化水平　集约化农业，顾名思义即"集中"和"节约"，其实质是规模化生产和农业绿色发展。新型农业经营主体通过联结成员土地，形成规模生产，共同对接市场；同时，成片连方的规模化生

河南邦国植保科技服务有限公司

产还有利于病虫害综合防治、测土配方施肥、节水灌溉等农业绿色生产技术的推广和应用，对促进农业可持续发展具有重要意义。

五、启示

1. **强化组织领导和政策支持是保障** 传统小农户在生产能力、市场能力、合作能力乃至政策能力等方面均处于弱势，与现代农业在生产特征、运行规律和运营机制等方面均存在显著差异，与乡村振兴战略的总体要求明显不符，创新农业生产组织形式成为乡村振兴战略的重要着力点。各级部门应重视农业组织形式的创新和发展，强化组织领导，加大政策支持，促进农业发展方式转变，为全面推进乡村振兴提供机制保障。

2. **突出农民的主体地位是核心** 由行政力量"自上而下"整村或成片推进的农户合作机制，会因缺乏农村能人引领或持续业务支撑而流于形式，甚至部分农民专业合作社会成为工商资本获取国家政策优惠和项目支持的工具。创新农业生产组织形式，必须突出农民的主体地位，新型农业经营主体必须"姓农、务农、惠农、兴农"，为农户架起通向市场的桥梁。

3. **培育现代农业发展人才是关键** 农民是生产经营的主体，其市场意识、竞争意识、思想文化水平对农村经济发展至关重要。发展新型农业经营主体，创新农业生产组织形式，不仅需要健全管理章程、增强农民合作的凝聚力，而且还需要有一批具备一定发展能力、市场能力、政策能力的农村干部和带头人。因此，培育农业合作组织专业人才成为关键。

4. **深化农村改革是前提** 创新农业生产组织形式，加快小农户与大市场有效对接，本身就是深化农村改革的一项重要内容。需要统筹推进农村土地"三权分置"、农村集体资产股份制改造、农业资源市场化配置等农村改革，以农村改革推进土地流转规模化经营、新型农业经营主体培育、农业社会化服务体系建设等工作，加快农业农村发展方式转变，提高农业生产效率。

河南沈丘：雪荣面粉有限公司

> **导语：**雪荣面粉有限公司是农业产业化国家重点龙头企业，公司
> 在成长壮大的同时，积极履行社会责任，带动当地农民脱贫致富。依
> 托当地农产品资源优势，拉长农产品产业链条，不断创新与农户的利
> 益联结机制，与农户抱团发展。采用"公司＋合作社＋农户"的订单
> 种植模式，以村集体、种植合作社、专业大户、家庭农场为依托，通
> 过合同价收购、种子补贴、提供技术服务等方式，不断扩大优质小麦
> 的种植面积，提高优质小麦的品质，实现农户与企业双赢，促进农村
> 三产融合发展，已形成布局区域化、经营规模化、生产标准化、发展
> 产业化的良好格局。企业已流转土地1万多亩、发展订单种植2万多
> 亩，每年带动农户增收620多万元。

一、主体简介

雪荣面粉有限公司是一家以小麦种植、面粉加工、挂面生产、食品研
发、仓储物流于一体的国家级农业产业化重点龙头企业。公司成立于
2005年7月，位于河南省沈丘县沙北产业集聚区，占地276亩，注册资
金11 600万元，现有员工300人。公司被评为"农业产业化国家重点龙
头企业""国家级守合同、重信用企业""河南省十佳科技型最具信赖品牌
企业""河南省质量兴企科技创新示范企业""河南省品牌培育示范企业"
"河南省质量诚信A级企业""河南省质量标杆企业""河南省放心粮油示
范企业""河南省谷物食品深加工工程技术研究中心""河南省粮油食品动
员中心"；通过ISO 9001国际质量体系认证；公司生产的"信天下"牌小
麦粉荣获"中国绿色食品""河南省优质产品""河南省名牌产品""优质
农产品奖"等多项殊荣，"信天下"商标荣获"中国驰名商标""河南省著
名商标"称号。

公司东临南洛高速沈丘入口，北临郑合高铁，南临漯阜铁路、刘湾码
头，交通便利，四通八达。豫东平原优质的小麦资源和先进的生产设备，
为公司产品质量提升奠定了坚实的基础。"信天下"牌小麦粉粉色洁白、
麦香浓郁、口感劲道；"信天下"牌挂面柔韧细腻、劲道爽滑。公司产品
市场广阔，畅销全国。

　　制粉生产线引进布勒制粉设备、机器人码垛系统、在线装车系统、自动化清理系统、自动化入仓系统、配麦系统、配粉系统、PLC自动控制系统等，智能化生产能力大大提高，既节省了成本又提高了产品质量，工艺技术国际领先，获得了2项实用新型技术专利。

　　挂面生产线引进自动化包装、自动化计量、自动化供粉等先进设备，实现生产流程全封闭、包装检验一条龙，提高了食品的安全性。采用低温烘干工艺，提高了产品质量。公司最新生产的杂粮挂面、薏米挂面、红豆挂面等新产品具有养生保健的功效，已获得4项发明专利。

　　公司以"质量铸品牌、诚信赢天下"为经营理念，以"依托中原粮仓、打造百年雪荣"为企业使命，全力引领面制品潮流，为消费者缔造了美好饮食生活。

二、主要模式

　　1. 模式概括　采用"公司＋合作社＋农户"的模式，建立优质小麦种植基地，带领农民从传统农业走向现代农业。通过土地流转、订单种植等方式，免费提供种子、低于市场价提供生产资料、高于市场价收购小麦，让农民增产增收。

　　2. 发展策略　雪荣面粉有限公司坚持"农户为先"的核心理念，以龙头加工为依托，大力发展订单农业，实施精准扶贫、保护农产品质量安全、维护农民利益，将造福人民作为企业的使命与责任贯彻始终、落到实处。

　　随着粮价改革的逐步推进，我国在粮食收购品种上几乎是来者不拒，但仍然坚持"优粮优价"的原则，即好粮食卖高价、差粮食卖低价。为顺应这一时代发展要求，公司致力于发展土地流转、订单种植，优质小麦比普通小麦一斤可多卖0.1～0.12元。实行标准化种植流程，即统一种植品种、统一配方施肥、统一植保防护、统一种植管理、统一机械收割、统一高价收购。除了提供优质的品种外，同时也为农户提供标准化种植服务、收购服务，切实解决农户种好粮、卖粮难的问题，让农户真正受益。通过订单种植粮食，带领种植户走出一条企业与农户抱团发展的订单农业致富之路。

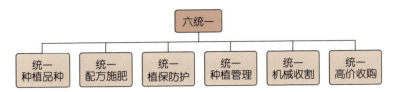

（1）土地流转。随着越来越多的年轻劳动力外出务工，农村劳动力日益稀缺，部分农田耕作粗放、土地利用率低下。面对这样的局面，公司采取土地流转的方式，把土地集中起来耕种，建立优质小麦种植基地，搞活农村产业经济，提高农民收入水平。以每亩每年700元的价格流转土地，夏季种植优质小麦，秋季种植优质花生、果蔬等经济作物，极大地提高了土地收益，对农业和农村经济的发展起到了积极的推动作用。土地流转后，农民从传统种植业生产中解放出来，安心从事二三产业以及外出务工，既解放了农村劳动力，又增加了农民收入。农民可以不再耕种、投资，直接获得每亩每年700元的保底收入，又可通过到公司务工多挣一份工资，农户土地流转比自己耕种每亩每年可增收300元，企业已流转土地1万多亩，带动农户增收300多万元。

（2）订单种植。为保障国家食品安全、提升农产品质量、提高农民种植优质小麦的积极性、带动农民增产增收，公司积极推行优质小麦订单种植，免费向农户提供优质小麦种子；同时，以低于市场价10%的价格向农户提供优质肥料，并提供小麦全生育期的技术指导与服务；最后按高于市场价0.1元/斤的价格收购小麦，现款结算。为化解农民的种植风险，按订单面积为种植农户购买农业保险，如遇自然灾害造成大量减产或绝收，保险公司根据受灾情况给予农户相应的赔偿，保证了农民稳定的收入，让农户吃上定心丸，极大地调动了农民种植优质小麦的积极性，充分发挥了龙头企业的示范带动作用，提高了农业的抗风险能力和市场竞争力。公司已发展优质小麦订单种植2万亩，带动农户增收320多万元。优质小麦订单种植让农民不仅从农业增效中获得收益，而且从农业产业化经营中分享利润成果，实现了经营主体与农户的互利共赢。

3. 主要做法

（1）与农户签订《土地流转协议》。按合同支付土地租金，采用机械化耕种、标准化施肥、规范化管理。与单家独户相比，土地利用率大大提高，优质小麦品质不断提升。农户收入稳定，化解了因旱涝等自然灾害所导致的种植风险。通过几年的发展，农户对土地流转模式非常认可，积极将土地流转给企业，流转面积逐年增加，企业保证了优质原材料的供应，成效显著。

（2）与农户签订《优质小麦订单种植协议》。公司提供技术服务，确保农产品质量的安全性、原产地的可追溯性和生产经营管理的精细化、标准化、无害化。订单农业不仅有效满足当前各类消费群体对农产品的多样化、个性化追求，而且对于破解食品安全监管难、食品来源追溯难等问题，更好维护食品安全，都有着积极的现实意义。订单种植对于农民来说，一方面，减少了中间商的费用，除去运费，农民可以获得更多的利润，有效地增加收入；另一方面，订单农业的投入与收入比较容易计算，具有比较强的收入可预测性，这对于增强农民参与订单农业经营的信心和积极性，促进他们加大对农业生产的投入，都有着非同一般的意义。传统农业都是先生产后销售，农民心里没有底。订单种植合同提前约定了价格，农民收入有了保障，农民积极性很高。

（3）成立雪荣粮食银行，让农户粮食增值。为解决农户存粮烦琐和不安全问题，雪荣面粉成立"粮食银行"，为农户代储小麦，并在县城各乡镇设立服务网点。采用多种模式向农民提供全方位的农业综合服务，为耕者谋利、为食者造福。粮食存入粮食银行，粮食银行为农户发放粮食存折，每年每斤粮食给予 6 分钱的增值收益。农户可在各经营网点凭粮食存折购买面粉、挂面、生活用品、农业生产资料等，也可随时支取现金。农户存粮比存钱更方便，实现了县城内的通存通兑。目前，雪荣粮食银行网点已遍布城乡。

三、利益联结机制

农业产业化经营，要求实现农产品生产、加工和销售一体化，实现农业生产与产前、产后各环节的稳定结合，必须在农户和龙头企业之间建立合理的利益联结机制。通过建立稳定的购销合作关系，提高农产品的质量档次、科技含量和规模效益，实现共同利益最大化，并在此基础上建立利益共享、风险共担的利益联结机制，是龙头企业与农户的共同要求，也是农业产业化经营健康发展的机制保障。

1. **"龙头企业＋村集体＋农户"带动模式**　依托龙头企业拥有的市场资源，村集体负责组织落实土地流转和订单种植面积，并享受种植补贴，农户与企业签订小麦收购合同。合同明确了收购价格、时间、质量、数量，以及各自承担的权利和义务，从而实现"利益共享、风险共担"。

2. **"土地流转＋返聘务工"带动模式**　流转土地建立小麦生产基地，返聘农民参与土地管理，就近就业。既增加了农民的收入，又避免了因外出务工而导致"空巢老人""留守儿童"问题的发生。

"龙头企业＋村集体＋农户"带动模式	"土地流转＋返聘务工"带动模式
·依托龙头企业拥有的市场资源，村集体负责组织落实土地流转和订单种植面积，并享受种植补贴，农户与企业签订小麦收购合同 ·合同明确了收购价格、时间、质量、数量，以及各自承担的权利和义务，从而实现"利益共享、风险共担"	·流转土地建立小麦生产基地，返聘农民参与土地管理，就近就业 ·增加了农民的收入，又避免了因外出务工而导致"空巢老人""留守儿童"问题的发生

通过以上方式与农民建立稳定紧密的利益联结机制，不断提高了带动农民致富的能力，逐渐形成"基地连片、特色成带、块状辐射、共同发展"的农业产业化新格局。企业在自身发展的同时，把农业推向了市场，加快了农业发展步伐。形成了市场带龙头、龙头带基地、基地连农户的经营模式。以雪荣面粉为主体，上下链接、合作紧密，让农民分享到土地增

值的成果，提高了农业的经济效益，带动了农民增产增收。

四、主要成效

1. 经济效益 土地流转农户每亩每年直接受益 700 元，比农户自己种植多收入 300 元，每年可带动农户增收 300 多万元。订单种植每亩每年可增收 160 元，每年可带动农户增收 320 万元。2018 年公司资产总额 47 195 万元，固定资产 16 325 万元，销售收入 51 613 万元，净利润 2 598 万元。

2. 社会效益

（1）与白集、北城 2 个乡镇的 456 个建档立卡贫困户签订精准扶贫协议。每个贫困户在企业入股 7 000 元资金，企业每年给予每个贫困户 840 元的保底分红，每年向贫困户支付红利 38.304 万元。

（2）企业与建档立卡贫困户签订扶贫带贫协议，每个贫困户入股企业 5 万元扶贫资金，企业每年向贫困户支付 2 000 元分红，共带动 200 个贫困户，每年共支付红利 40 万元。

（3）与贫困村村委会签订扶贫带贫协议，25 个贫困村每村向公司入股 30 万元，企业每年给每个贫困村 2 万元的分红，年分红 50 万元，带动贫困户 150 个。

（4）通过安排劳动力就业、为贫困户送温暖、捐资助学、支持慈善、公益捐款等方式，带动更多的贫困人口脱贫致富。每年捐助资金 100 万元以上。

企业通过订单种植获得了可靠的原料渠道，提高了盈利能力；合作社获得了集中连片的服务对象，扩大了经营规模；农户化解了种植风险，提高了生产率，增加了收入。通过合同制约，确定责权利关系，最终实现互利共赢，从而形成一个紧密、完整、有效的产业链条。

3. 生态效益 公司积极推行小麦绿色种植，倡导低碳环保理念，按标准施肥，维护良好的生产环境，保护土壤结构，防止水体污染，保护自然界昆虫作息规律，维护微生物与植物之间的生态平衡。实施"绿色食

品"计划，对农产品生产和加工实施从农田到餐桌全过程控制，做到"环环相扣、步步检查、洁净到底、保证质量"，产品通过了绿色食品认证。优质小麦订单种植保障了农产品质量安全，产品质量契合消费者需求，土地的精耕细作、优质良种的选用、生产资料的安全投入，保护了农业的生态环境。

五、启示

1. **订单农产品的价格确定是订单农业的核心问题**　借鉴发达国家的成功经验，在确定合理的订单农产品价格过程中，我国订单农业有益的改革措施：一是在市场建设方面，应加快建立和完善区域农产品流通市场，提高农产品流通的效率；同时，建立和完善农产品期货市场，利用其套期保值功能和价格发现功能，为确定合理的农产品价格提供参考。二是加快国际、国内农产品信息网络建设，及时准确地提供农产品供求信息、价格信息。三是转变政府职能，由原先的直接参与订单农业向完善市场和信息服务转变。四是充分发挥农业协会、商业协会等中介组织的作用，遵循利润共享、风险共担的原则，协商形成合理的农产品订单价格。

2. **通过专用性资产投入，降低违约风险**　专用性资产的投入在防止订单农业双方违约上起着重要的作用。农户由传统的农业生产向订单农业生产转移本身就意味着专用性资产的投入（农产品、耕作方式的改变）。因此，相应地要求农产品购买者也应有一定的专用资产投入。从订单的形式来看，发达国家签订订单的主体是农户和涉农公司，这一订单是建立在生产领域的合作。出于违约成本的考虑，专用性资产投入的订单双方都倾向于长期合作，违约的概率相对较小。我国流通组织、中介组织在与农户签订订单时不需专用性资产的投入，往往还利用订单向农户高价销售劣质种子、化肥，利用农业订单损害农户的利益。农户与生产性组织签订的订单其履约率要高于和非生产性组织签订的订单，基于这一推论，农户在与非生产性组织签订订单时，需要严格明确关于违约的诸项条款。

3. **加强多方合作，带动农户发展订单农业**　我国农户数量众多，单个农户的生产经营规模很小，这是我国发展订单农业与发达国家在订单参与者方面的显著区别。众多农户采取小规模分散经营的方式，加大了涉农公司技术指导和质量控制的难度，引起涉农公司管理成本和运输成本增加。因此，为了带动我国众多农户参与订单农业进而分享订单农业带来的福利，必须加强政府、涉农公司、公共组织和流通组织多方协作，做好订单农业中农户的组织、协调和管理工作。

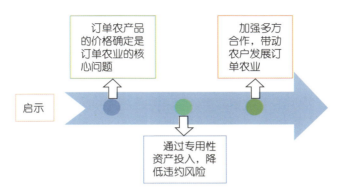

湖南怀化：恒裕竹木开发有限公司

导语：怀化市洪江区拥有丰富的南竹资源，是湖南重要的南竹产区，素有"南竹之乡"的美誉。洪江区及周边会同县、洪江市集中连片南竹达 77 万余亩，但因无龙头企业带动，长期以来未能形成产业链，优势资源得不到充分利用，广大竹农望山兴叹。而恒裕竹木开发有限公司（以下简称"恒裕公司"）看到了当地丰富的南竹资源，深挖南竹经济价值，形成产业链条，成功创建省级农业产业化龙头企业，建立了"公司＋合作社＋基地＋农户（贫困户）＋市场"的经营模式，带动了一大批贫困户实现脱贫致富。广大农民纷纷表示，山下办好了工厂、发展了产业，山上南竹资源真正成了取之不竭的"现金银行"，真正实现了绿水青山就是金山银山。

恒裕公司新厂区规划鸟瞰图

一、主体简介

恒裕公司是一家专注于南竹综合开发的国家高新技术企业，成立于 2006 年，注册资金 2 000 万元，占地 115 亩，现有员工 340 多人。主要从事"以竹代木"产业，生产销售竹制厨具、小家具、旅游工艺品、竹炭以及其他竹制用品。公司始终坚持"科技兴竹"，与湖南林业科学院建立了长期产学研合作关系，建有"湖南省企业技术中心"和"怀化市竹产业促进中心"省市两级研发平台，拥有 17 项自主知识产权专利技术，其中，发明专利 2 项，将研发成果第一时间转化为生产力。公司荣获"湖南省农业产业化龙头企业""湖南省林业产业化龙头企业""湖南省竹产业十强企业""湖南省小巨人企业"等荣誉称号，是湖南省"'百企千社万户'现代农业发展工程重点扶持企业""湖南省质量信用 AA 企业"，通过 ISO 9001 和 ISO 14001 认证、FSC 森林认证和 BSCI 认证。公司积极打造品牌，"志峰"竹砧板为湖南省名牌产品。在全国 34 个省份有 300 余家经销商，产品畅销全国各地，部分高档竹制品远销海外市场。公司在自身发展壮大的同时，勇担社会责任，积极实施产业扶贫，成绩突出，公司产业扶贫带头人被评为湖南省 2018 年"最美扶贫人物"。

恒裕公司依托当地丰富的南竹资源发展南竹特色产业，2018 年实现销售收入 2.75 亿元，总资产 2.86 亿元，固定资产 0.95 亿元，资产负债率 32.8%，利润总额 1 927 万元，带动就业 500 人次。目前，公司在全省同行业中处于领先地位。

二、主要模式

1. 模式概括　恒裕公司建立了"龙头企业＋合作社＋基地＋农户（贫困户）"的经营模式，成立了南竹专业合作社，搭建了公司与林农之间的桥梁，将林农与公司紧密联结在一起。一方面，合作社将林农散户集中起来，组织其与恒裕公司签订保价收购协议，保障了林农南竹的销路及长期利益；另一方面，通过合作社同林农的紧密联系，避免了企业与林农散户直接对接，减少了收购的中间环节，更加保障了公司南竹产业化所需原料的数量与质量。

恒裕公司与农民结成了关系紧密的利益联合体，采取订单式采购，与周边 8 000 多农户签订了购销合同，保障了林农南竹的销路及长期利益。

特别是与 410 户贫困户签订了保护价收购合同，在市场行情不佳时，公司以 480 元/吨保护价收购贫困户南竹；在市场行情较好时，则收购价随行就市，这就保障了贫困户的基本生活。建立起了产、供、销平台，农户的林产品南竹不但在销路上有了充分的保障，还在销售价格上得到了实惠，使企业与竹农突破了单纯的买卖关系，建立起目标一致、分工协作、优势互补、利益共享的产业合作关系，使生产和加工联结成一个"双赢"整体。把千家万户小生产与千变万化大市场连接起来，从而规避结构调整中竹农对技术、市场变化适应性差和抗风险能力弱的缺陷，降低结构调整中竹农直接面对技术和市场的风险。

2. 发展策略

（1）**核心理念**。恒裕公司坚持以"聚焦农业产业化，服务'三农'"为使命，以"以竹代木、生态环保、惠农富民、农企双赢"为宗旨，以"竹者重节、节者为信"为核心价值观。

（2）**核心模式**。以"龙头企业＋合作社＋基地＋农户（贫困户）"为核心发展模式，发挥龙头企业的带动和辐射作用，以合作社为纽带、以南竹基地为载体，充分建立企业与农户抱团发展的紧密联合体，实现产、供、销一条龙。

3. 主要做法

（1）**发展特色**。恒裕公司依托当地丰富的南竹资源，深挖南竹经济价值，积极坚持"全竹综合开发利用""资源循环利用"发展理念，形成了"竹砧板-竹家具-竹工艺品-竹炭"的产业链条，开发出五大系列70余种产品，实施品牌战略，"志峰"系列产品被授予"湖南省名牌产品"称号。恒裕公司在发展壮大的同时，不忘带领农户一起脱贫致富，大力实施产业扶贫，建立了"龙头企业＋合作社＋基地＋农户（贫困户）"经营模式。通过建立直接帮扶、委托帮扶、就业帮扶等多种帮扶方式，与农户建立起紧密的利益联结机制，实现企业与农户抱团发展。近几年，公司总投资1.5亿元，先后进行了2万立方米竹束纤维重组宽幅成型板项目、30万件竹制旅游工艺品项目、20万平方米整竹展开项目、年产5 000吨竹炭项目等南竹精深加工产业项目，充分发挥龙头企业的领头羊作用，通过南竹深加工产业化带动，公司年收购林农南竹300余万根，带动林农增收6 000余万元，带动当地及周边500人就业。

洪江区南竹资源丰富，但南竹林多为低产林，南竹产量低、质量不高，且大多山高路远，伐竹资费高，老百姓又苦于南竹的销路，优势资源无法凸显经济优势。

（2）**解决困难**。一是创新基地开发，成立专业合作社。以恒裕公司为核心，联合周边村组，成立了怀化市洪江区恒裕南竹专业合作社，通过龙头企业引领示范作用，建设标准化规模化南竹基地，已培育了10万亩高标准南竹基地，建设了省级现代林业恒裕南竹特色产业园。在基地建设中，合作社组织竹农进行技术培训，为竹农提供技术服务，指导竹农进行南竹低产林改造、劈山除杂、科学施肥、科学种植，使基地建设稳步推进，带动上万农户从事南竹种植及加工；为基地修建了20公里林道，方便南竹运出，减少了林农伐竹资费等成本，从而增加了竹农收入。

二是实行保价收购，保障贫困户长期稳定收益。恒裕公司与当地贫困户签订了保护价收购合同。在市场行情不佳时，公司以480元/吨保护价收购贫困户南竹；在市场行情较好时则收购价随行就市。这就保障了贫困户长期稳定的收益。建立起产、供、销平台，农户他们的林产品南竹不但在销路上有了充分的保障，还在销售价格上得到了实惠，使企业与竹农突破了单纯的买卖关系，建立目标一致、分工协作、优势互补、利益共享的产业合作关系。

三是创新产品开发，深度探索全竹综合开发利用。恒裕公司以"全竹综合开发利用"为核心，形成了"竹砧板-竹家具-竹旅游工艺品-竹炭"产业链条。现有竹制厨具、小家具、旅游工艺品、竹炭等70余种竹制品。

坚持创新发展，通过技术革新，将南竹精深加工过程中产生的竹粉、竹屑、边角废料作为原料，生产环保竹炭，变废为宝，实现了全竹充分利用，最大限度地将南竹资源转化为经济效益。

公司年加工利用南竹 300 万根，南竹收购成本 6 000 余万元，带动 8 000 户农户受益。通过产业项目建设，每户农户每年可增收 10 000 多元，人均增收 3 300 元，并为农村富余劳动力提供了就业机会，带动就业 500 人次，公司年支付工资达 1 800 万元。

四是创新产业技术，努力实现生态循环发展。恒裕公司坚持"科技兴竹"，与湖南省林业科学院建立起长期产学研合作关系，拥有"湖南省企业技术中心"和"怀化市竹产业促进中心"省市两级研发平台，创建了科研创新团队，现有专家、科研人员及科技特派员 52 人。公司现已拥有 17 项竹制品加工专利技术、发明专利 2 项，积极开展科研成果转化，确保科研成果第一时间运用到生产一线，形成产业化、规模化生产。公司实施的湖南省重点研发计划"整竹展开关键技术的研究与应用"，原材料利用率提高 20%、工作效率提高 20%，使产品更具市场竞争力。研究和生产的整竹展开产品表面无胶、美观环保，而且使用更加舒适、市场前景较好，为公司带来了较好的营业收入，也更好地通过产业发展带动了农民增收致富。

公司牢牢贯彻新发展理念，坚持生态循环发展，在提升经济效益的同时致力于生态环境保护。在南竹资源保护上，严格执行"砍老留新"，只收购 4 年以上的成竹，持续开展南竹低改，确保了资源的永续利用。生产过程采用先进技术回收炭化过程中的可燃气体直接供给锅炉作为燃料，减少燃料使用及污染物产生，有效降低生产耗能，实现清洁生产。通过厂区绿化、亮化，设置竹工艺品展厅，积极融入洪江区旅游产业，将企业打造为洪江区新的旅游亮点。

五是打造产品品牌，实施走出去战略。针对市场竞争环境，恒裕公司领导层提出了全竹综合开发利用质量管理理念，全面提升产品质量和品牌形象。利用现代资源循环利用、可持续发展的先进经营管理理念，结合企业发展阶段的特点，对以往全面质量管理、ISO 9001 质量管理体系和 ISO 14001 环境管理体系延伸，为企业应对激烈的市场竞争提供了一整套企业系统经营管理的方法，使企业生产出美观大方、绿色环保、物美价廉的健康绿色环保产品，满足了消费者需要。2010 年公司正式注册"志峰"商标，志峰品牌由此诞生。经过 10 多年的培育，"志峰"牌产品凭借轻巧耐用、绿色环保、质量上乘、信誉良好的优点，受到了消费者的喜爱，公司五大系列 70 余种竹制品在全国 34 个省份形成了有 300 余家经销商的稳固销售网络，产品销往全国各地，部分产品远销欧美海外市场，一直处于产销两旺的局面。2015 年，志峰牌竹砧板荣获"湖南名牌产品"称号。

六是实行产业融合，一二三产业融合发展。恒裕公司以洪江古商城旅游开发为契机，充分利用当地南竹优势资源，融合当地特色民俗文化、商道文化、竹文化以及省级非物质文化遗产湘西竹编文化，进行年产 30 万件竹制旅游工艺品生产线项目建设，开发竹制旅游商品，公司坚持"互联网＋"的思路，成功组建了电子商务运营部，拓宽营销渠道，从传统的线下经销商销售模式拓展到电商平台网络销售模式。公司带领当地村民依托当地南竹资源，实现了一二三产业深度融合、企业和农户抱团发展。

三、利益联结机制

恒裕公司按照"四跟四走"产业扶贫发展思路，依据中共十九大报告提出"实施乡村振兴战略"的指导精神，将当地特色产业与精准扶贫、乡村振兴相结合，积极探索产业扶贫助力乡村振兴的新路子，将发展南竹特色产业与精准扶贫深度结合，建立利益联结机制，突出普惠受益，积极探索出了具有洪江特色的产业扶贫新路子，助推洪江区在全省率先实现脱贫。

1. 直接帮扶　公司为洪江区 11 个村拥有南竹林的 410 户贫困户 8 060 亩南竹林进行低产改造，做到了全区有南竹林的贫困户全覆盖，1 293 名贫困人口直接受益，占全区贫困人口的 35％，并与贫困户签订长达 5 年的南竹保价收购合同，保障其长期稳定收益。此外，公司还修建了林道 20 公里，进一步减少贫困户伐竹的费用及运输费，降低贫困户伐竹成本，增加其收入。

2. 委托帮扶　贫困户将一定资金投入到公司进行南竹深加工生产线建设，公司每年给贫困户发放 10％ 的固定分红，帮扶期限 5 年。委托帮扶惠及 109 户 207 名贫困人口，进一步拓宽其收入来源、增加其收入。

为进一步壮大村集体经济，采取委托帮扶的形式，国家将扶贫资金 230 万元投入 7 个村集体。村集体将这部分资金投入到恒裕公司进行南竹产业开发，公司每年以投入资金的 8％ 进行固定收益分红，受益期为 3 年。进一步壮大了村集体经济，拓宽了村集体的收入来源，增加了村集体的收入，以更好地实现乡村振兴和城乡一体化。

公司与农户建立"龙头企业＋合作社＋基地＋农户（贫困户）"的经营模式，实行包生产、包技术、包销售"一条龙"服务，每年组织技术人员进村入户开展技术扶持，解决生产难题，增加南竹产出，增强其抵御市场风险的能力。企业与竹农突破了单纯的买卖关系，与农户形成目标一致、分工协作、优势互补、利益共享的产业合作关系。

3. 就业帮扶 公司设立了扶贫车间，免费开展培训，提供就业岗位，积极优先安排有意愿、有劳动能力的贫困户进公司工作。据统计，公司每年带动周边农民就业 500 多人次，年支付工资达 1 800 多万元。

四、主要成效

1. 经济效益 公司以保护价格与贫困户签订长达 5 年的南竹购销合同，在市场行情不佳时，公司以 480 元/吨的保护价收购贫困户南竹，当市场看好时，价格随行就市，确保贫困户"旱涝保收"。公司为洪江区 11 个村拥有南竹林的 410 户贫困户 8 060 亩南竹林进行低产改造，做到了全区有南竹林的贫困户全覆盖，1 293 名贫困人口直接受益，占全区贫困人口的 35%。按技术管理要求科学种植南竹，包括劈山除杂、削山松土、开竹节沟、科学施肥等，建立洪江区南竹低产林改造示范基地，形成南竹高产优质配套栽培技术体系。目前，带动全区及周边近 8 000 多户贫困户从事南竹种植及竹制品加工，建设南竹基地 10 万亩，出产南竹 300 多万根。南竹收购价由公司引进前的 9 元/根上涨至目前的 18 元/根，为广大贫困户每年增收 6 000 多万元。经测算，贫困户每年人均增收 3 300 元。

2. 社会效益 公司设立了扶贫车间，免费开展培训，提供就业岗位，积极优先安排有意愿、有劳动能力的贫困户进公司工作。其中，男职工人均年收入达 3.8 万元，女职工人均年收入达 2.8 万元。可谓一人就业即可脱贫，两人就业则致富有望。

3. 生态效益 南竹具有培育周期短、轮伐期短、见效快、产出高的优势，恒裕公司南竹产业的兴起，带动南竹山林成为农民的绿色银行。南竹富裕了农民，绿化了荒山，强化了水土，净化了空气，美化了环境，真正体现了绿水青山就是金山银山。

怀化地处国家重点扶贫攻坚的武陵山片区，恒裕公司通过产业化带动，使得广大林农的南竹资源变成流动资金，最终变成了可持续增值的绩优资产。恒裕公司产业化经营，解决了农村富余劳动力的就业问题；通过技能培训，提高了农民的科学素质，使农民掌握了一技之长；林道等基础设施建设，有助于乡村振兴战略实施和城乡一体化发展。恒裕公司在扶贫攻坚中发挥了鲜明的示范作用，作出了突出的贡献。南竹产业的兴起能较大幅度提升当地产业体系科技含量和创新水平，积极推进产业结构调整升级，带动当地经济发展，经济效益、社会效益、生态效益显著。对当地特色工业，特别是南竹精深加工方面发挥了重要的示范和带动作用。

五、启示

授之以鱼不如授之以渔，变输血为造血，变救济式扶贫为开发式扶贫，大力发展南竹特色产业，能增强自身造血功能。

只有积极培育和壮大特色支柱产业，扶持竹制品加工企业的发展，特别是鼓励龙头企业做大做强，充分发挥其带动作用，才能找到一条脱贫不返贫、保障贫困户长期利益的道路。加快南竹产业发展，对推动县域工业经济结构战略性调整、培育县域工业经济新的增长点具有战略意义。

只有因地制宜，充分利用当地特色优势资源，积极培育龙头企业，走农业产业化发展道路，才能推进加工规模化、集约化发展。

只有依托龙头企业的带动作用，建立起适合当地发展的经营模式，与农户建立起紧密的利益联结机制，才能实现"惠企富农"、企业与农户抱团发展。

重庆江津：花椒产业化联合体

> **导语：** 江津是"中国花椒之乡"，同时也是国家"九叶青花椒标准化示范区"。2008年，江津花椒获颁《国家地理标志》。目前，在我国已种植的600多万亩青花椒中，绝大多数品种与技术来自江津，形成了"全国花椒看江津"的独特现象。2019年，"九叶青"花椒种植面积已超过53万亩，年产值30多亿元，其规模之大、带动农民之多、综合效益之好、产业链之长，居全国首位。
>
> 为巩固产业龙头地位、发扬产业优势、进一步促进区域花椒产业化发展，重庆凯扬农业开发有限公司（以下简称"凯扬农业"）结合实际，以自身作为带动主体，牵头成立了"花椒产业化联合体"，成员业务范围囊括花椒品种选育繁育、加工销售、产品推广、无人机植保、农资销售、土地托管、农村电商、代收代储、技术推广、花椒银行等领域，组成了涵盖产业全领域的经营体系。联合体以凯扬农业为引领、以农民合作社为纽带、以带动农户增收为根本，各成员明确功能定位，实现了优势互补、共同发展。

一、主体简介

江津花椒巨大的产量、优良的品质、便捷的交通物流条件，催生出了28家不同规模的花椒加工企业，形成了完善的"农户＋企业"的利益联结机制，使种植与加工相互牵引，有力地推动了江津花椒产业的健康可持续发展。凯扬农业便是其中的典型代表。

凯扬农业成立于2013年4月，注册地址为重庆市江津区德感工业园2期C幢7号，是一家集花椒种植、研发、生产、销售、文创、旅游于一体的市级农业产业化龙头企业，总建筑面积5.3万多平方米，包括凯扬农业科技研究院、农技培训学校、花椒品比示范园、冷链冻库、现代化加工厂房及配套生产设施。主要从事花椒以及花椒衍生制品加工，设计鲜椒标准年处理能力12 000吨，达到产能后平均每年可向产业回流收购资金14 500万以上，建设规模为重庆市同类企业之最，是重庆市级农业产业化龙头企业、重庆市科技型企业、重庆市农委调味品技术体系江津推广试验站站长单位。

2019年，凯扬农业结合自身实际，响应市农委号召，牵头成立了

"重庆市江津区花椒产业联合体"，得到了江津区数十家企业、合作社、村委会的热烈响应，目前，联合体成员包括重庆凯扬农业开发有限公司、重庆港荣园林有限公司、重庆天之聚科技有限公司、重庆津奥力农业开发有限公司、重庆市万州区格道农民专业合作社等 24 家企业与合作社。联合体将花椒种植、农资供应、无人机飞防、加工机械、花椒加工、花椒销售、法律政策咨询方方面面有机串联成为一个整体网络，互相支持，成效显著。

二、主要模式

1. 模式概括 在重庆市、江津区两级农业农村委员会的大力关心与帮助下，凯扬农业牵头组建了重庆市江津区花椒产业化联合体，旨在推进一二三产业融合发展、提高青花椒综合生产能力、增强龙头企业带动能力、促进互助服务、加强市场信息互通等，以此实现产业模式创新，进一步促进江津区区域花椒产业发展。

2. 发展策略 江津区以产业联合体为纽带，以龙头企业为牵引，以农业企业、农资企业、咨询机构、专业合作社、家庭农场等新型经营主体为主力，构建了一个上下游互相衔接的全产业链，充分调动各主体、各要素资源与能力，以网状结构实现多点连接，真正将农户、合作社、企业等凝聚成一个整体。共同抗击市场风浪，共享产业发展红利，以科学的利益联结机制形成产业合力，让椒农增产的同时实现增收，推进了产业健康可持续发展。

3. 主要做法

（1）筹划组建花椒产业联合体，构建协作基础。2019 年 3 月 5 日，重庆市农业农村委员会等 6 部门下发《关于发展农业产业化联合体的指导意见》后，凯扬农业立即组织了认真学习讨论，并决定以实际行动响应号召，为实现产业和企业全面可持续发展，筹划组建花椒产业化联合体。

3 月下旬派员进行调研，与有关公司、合作社、家庭农场进行交流沟通，达成共识，形成了《重庆市江津区花椒产业化联合体章程》，发给大家讨论。5 月，有 13 家公司、合作社、家庭农场签字盖章同意章程。6 月 19 日和 7 月 1 日，凯扬农业董事长张春率种植、销售负责人驱车几百里分别前往万州区龙驹镇、巫溪县红池坝镇，深入贫困村和农户调研产业发展情况，又吸引了几家地处国家深度贫困村的公司、专业社加盟。陕西、上海 2 家花椒销售商也乘飞机前来签字加盟。到目前为止，联合体成员单位共有 24 家。其中，公司 13 家、农民合作社 10 家、家庭农场 1 家，经营土地面积 10 万亩。由凯扬农业董事长兼总经理张春担任联合体理事长，重庆福贝来花椒种植专业合作社社长邓勇军、重庆天之聚科技有限公司总经理陈秀强、陕西省韩城市史圣农业科技发展有限责任公司总经理段增会、重庆港荣园林有限公司总经理刁建坤任常务理事，凯扬农业行政部长文峰担任联合体秘书长。

（2）在联合体框架下推行基地化种植。为匹配产能，保障加工原料的供应与品质，凯扬农业依托联合体，坚持"公司＋基地＋合作社＋种植户"模式，全面推进育苗、种植基地化建设。重庆港荣园林有限公司在慈云镇小园村流转土地 200 亩建立良种育苗基地，育苗 500 万株，已培育出江津无刺花椒苗，在李市镇沙埂村试种表现很好，逐步对江津花椒实施更新换代。

同时，凯扬农业在万吨青花椒加工厂建立花椒品比示范园 133 亩，从全国引进了 15 个青红花椒品种进行对比、复壮。并在该品比园建立花椒母本谱，进行水肥药一体化效果试验、无人机飞防效果试验和无刺花椒长效观察试验，将其作为花椒种植管理、旅游参观、科研教学的重要载体。

在种植链方面，凯扬农业在慈云镇聊月村、石门镇白坪村、嘉平镇紫荆村、西湖镇百燕村建立原料基地，依托联合体内的花椒种植合作社，推广实行"四统一"（统一用肥、统一打药、统一采摘时间、统一质量标准）。签订统管统收协议，以协议价优先在这些种植主体收购花椒，保证产品质量，保障椒农利益。

（3）以联合体保障加工货源，带动农户增收。凯扬农业设计年产能 12 000 吨，花椒制品加工能力位居西南地区前列。自投产以来，鲜椒收购跟不上加工产能是长期困扰凯扬农业的一大问题。鲜椒收购渠道过多过散，一是无法管控原料鲜椒质量；二是大大增加了原料收购成本；三是质检追溯工作无法展开；四是使企业收购工作一直呈现波动，波谷原料无法保证生产持续进行，波峰时仓储能力无法与收购数量进行匹配，每天数百万货值的鲜椒存在变质风险，同时为人力调配增添许多困难。联合体成立后，通过基地化建设，联合体内部与种植主体基本上实现了鲜椒稳定供应，2019 年凯扬农业共收购鲜椒 7 000 吨，同比 2018 年增长 30%。

（4）对联合体成员进行二次返利，促进种收积极性。凯扬农业自 2018 年起，开始对鲜椒供货主体实施二次返利政策，制定了最低交付标准，多种多交者按照交售自产货款的 1%～2% 进行二次返利。2019 年收购工作中，同样延续了该政策。由于 2019 年凯扬农业原料鲜椒主要由联合体伙伴供货，使得该举措进一步增加了联合体内各种植合作社、农业公司的利润，在市场价格总体处于低位的情况下保障了联合体伙伴与广大椒农的利益。一方面，稳定了鲜椒货源；另一方面，使椒农切实增收，维持了种植积极性。

（5）在联合体框架下实现模式创新，筹划组建"花椒银行"。冻库与花椒收购加工息息相关，是延长鲜椒加工时间、保证花椒加工品质的关键配套设施。但由于资金条件或其他因素限制，江津花椒冻库资源无法匹配数十万吨的鲜椒产量。凯扬农业拥有总容积 22 000 立方米的冷链冻库，并配套了周转筐、保温箱、托盘、叉车等设施设备，可储存 4 000～5 000 吨各类花椒制品。如调配得当，年周转量可超万吨。依托优越的冷链储存条件，凯扬农业优先针对联合体企业、花椒种植合作社推出了花椒代储服务，以成本价或免费形式为联合体伙伴提供冷链服务，解决伙伴企业以及合作社花椒收储难题。发挥随到随存、随存随取的"银行"作用，有助于解决本地花椒储放难题，对江津花椒冷链建设起到了很好的启发和带头作用。

（6）联合体成员紧密协作，以实际行动参与扶贫攻坚。为推动江津以及重庆地区花椒产业可持续发展，履行龙头企业社会责任，凯扬农业对市级贫困村嘉平镇紫荆村 12 000 亩花椒和西湖镇百燕村 4 000 亩花椒进行产业扶贫，使两村花椒收入均大幅增收，椒农人均收入增加。

凯扬农业 2018 年以股权化改革的形式，对嘉平镇紫荆村的 21 户贫困户进行帮扶，给予扶贫资金 25 万元，使每家贫困户每年增收 8 000 元。在发挥扶贫带头作用的同时，凯扬农业在联合体内号召所有经营主体抱团发展，对贫困地区会员与企业给予资助；带头以实际行动重点支持重庆市巫溪县红池坝镇、万州区龙驹镇的贫困村与贫困户发展青花椒产业，以尽快脱贫致富。

（7）在联合体框架内率先垂范，带动周边发展。凯扬农业兴建了重庆市首家花椒产业博物馆——江津花椒博物馆。2017 年开馆以来，已接待来自云、贵、川、渝、鄂、粤、桂、湘、陕、甘等 10 多个省份以及"一带一路"沿线国家的花椒考察学习团体、社会各界人士 2 万多人次，并免费讲解、免费提供资料，推广花椒技术，传播花椒文化，以开放无私的姿态有力地促进了花椒产业在全国范围的蓬勃发展。

凯扬农业与联合体经营主体相互配合，免费为重庆与外省花椒学习团体提供资料与技术服务，并大力支持花椒种苗，结对帮扶巫溪县红池坝镇、万州区龙驹镇的贫困村与贫困户发展花椒产业，使其尽快脱贫致富。已帮助龙驹镇建设花椒示范园 40 亩、加工厂 1 座，帮扶贵州省兴仁县、册亨县和贞丰县发展花椒 8 万亩，帮扶云南省文山市发展花椒 3 万亩，帮扶四川省仪陇县发展花椒 5 000 亩。这 5 个县均将发展花椒产业作为当地脱贫致富的有效途径，促进了当地花椒产业发展，推进了扶贫攻坚工作。

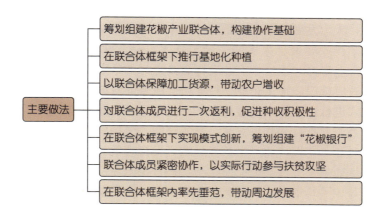

三、利益联结机制

在联合体中，各成员保持产权关系不变，开展独立经营，在平等、自愿、互惠互利基础上，以凯扬农业为引领、以农民合作社（家庭农场）为纽带，以带动农户增收为根本，明确功能定位，以花椒银行、订单种植、保护价收购、冷链代储等模式进行优势互补，实现共同发展。

2017年，江津种植花椒50万亩总产量达25.5万余吨，价格却一度出现下滑。凯扬农业从6月5日开称收购，高于其他收购商每斤1元左右，大大保护了椒农的利益，抑制花椒价格下滑，客商逐步回流。

2018年，凯扬农业以高于市价0.5～1元的价格收购鲜椒，直接带动全区61万椒农增收，使江津花椒收购均价保持在6～7元，维护了广大椒农的种植积极性与经济利益。

2019年，由于市场因素影响，江津花椒收购价格一度跌至3.5元左右。凯扬农业加班加点，继续以4.5～5元价格收购鲜椒近7 000吨，稳定了鲜椒市场价格。

自投产以来，凯扬农业已收购鲜椒12 000多吨，直接带动江津10万亩、8 100余户农户发展花椒产业，带动农户增收1.57亿元。

四、主要成效

江津花椒自改革开放以来，由辅助产业发展为主导产业，由主导产业又进一步发展为支柱产业，取得了较好的经济效益。江津当前共有椒农20余万户60多万人，依靠花椒，每户椒农少者增收数千元，多者增收数十万甚至数百万元，并且椒农队伍还在持续扩大。椒农增收致富，振兴了乡村经济，吸引了不少外出务工人员回乡，使农村重新恢复了活力，对留守老人、留守儿童等社会性问题发挥了很好的改善作用。花椒绿化荒山、固化水土，大力发展这个产业是对"绿水青山就是金山银山"理念的最好回应。这个产业凝聚了太多的辛劳与汗水，是江津的致富产业、民心产业。延续产业寿命，让这个产业发挥更高更好的牵引作用是整个江津区广大椒农、政府部门、加工企业、行业协会所要面对的共同课题。凯扬农业在以新模式进行产业探索的过程中，已经收到了良好成效。

（1）**产业龙头引领作用明显。** 事实证明，凯扬农业的体量与加工能力完全能够对江津花椒产业产生积极影响，发挥有效的稳固作用。

（2）**通过带头贯彻政府文件精神，严格控制品质，不掺杂使假，对保证椒农利益、稳定市场价格起到了支撑作用。** 由于坚持加工标准，产品质量优异，客商大量回流，凯扬农业对江津花椒产业树立良好信誉作出了积极贡献。

（3）通过带头进行设备升级与发展转型，将效果施加于市场，带动了全区大小 20 余家同类企业纷纷进行技术升级，以加工保障收购、以效益带动种植，进一步稳固了江津青花椒在全国青花椒产业中的龙头地位。

五、启示

1. 壮大了经营主体 通过联合体建设真正实现了农企抱团发展。一是增强了龙头企业的带动能力；二是增加了合作服务能力；三是刺激了家庭农场、专业合作社等主体的生产能力；四是增强了联合体成员之间的沟通协作能力，并有效避免了恶性竞争。

2. 强化了要素联结 江津花椒产业联合体有效引导了资金流动，增强了各主体对市场风险与市场波动的应对能力；强化了市场信息共享能力，各主体为了共同的利益目标团结一心，做到了市场信息共享，将触角分布于整个花椒产供销网络，敏锐感知市场；在合力发展的前提下，有力保障了基地化建设与溯源体系建设，使江津花椒品质更契合市场发展需求。

3. 使主体间利益联结纽带更为紧密

（1）联合体建设对全产业链条组合与升级起到了积极的推进作用，在资源利益共享的前提下，农业科技推广、数据汇总、产业融合发展等理念实现了顺畅推进，凯扬农业就是在联合体各成员主体协作下，真正实现了"原料基地化、设备自动化、产品精细化、文创系列化、销售多元化、标识追溯化"六大要素的建设。

（2）联合体有效带动了小农户发展，科学妥善地处理了联合体各成员之间、与普通农户之间的利益分配，因联合体的各种标准化建设，倒逼了农户按照要求对花椒进行科学管理，有效控制了产品品质；并在这个过程中，通过联合体成员进行农资保障和保护价收购，又切实保障了农户利益。

重庆市江津区花椒产业化联合体实践证明，产业化联合体是农业产业振兴的重要组成部分，也是全新的产业承载主体。它是激活多种形式经营主体的重要探索手段，将现代农业与小农户发展有机结合，深入关注与保障小农户利益。同时，在农业产业化联合体的发展过程中，各种经营主体在运作过程中只有做到权责分明、合作亲密、利益共享，才能适应不同业主的经济需求，成为切实带动农户增收的重要力量。

第二章 "合作社＋农户"发展模式

甘肃泾川：富兴农柿饼产销专业合作社

> **导语：**富兴农柿饼产销专业合作社位于泾川县城关镇东庵村。合作社成立以来，始终坚持以"诚信为本，质量为先"的宗旨，在提升服务水平、打造名牌名品、拓展国内市场、努力推动柿子产业做大做强上下功夫。2015年申请取得食品生产许可证，2016年注册"泾帝"柿饼商标，2017年申请了绿色食品标志，同年，合作社被甘肃省农牧厅授予"全省农民合作社示范社"。合作社始终密切联系本社社员及柿农，以科技为依托，以品牌为先导，以产业为基础，以农民增收为目的，以加快农业产业化发展为目标，初步形成了产、加、销一条龙服务体系，带动了本村及周边产业发展及群众致富增收。

一、主体简介

富兴农柿饼产销专业合作社成立于2014年11月，注册资金200万元，是由理事长郭军发起，联合本村柿子种植大户按照"民办、民管、民受益"的原则成立的一家集柿子种植、柿饼加工、储藏、运输、销售于一体的农民专业合作社。目前，合作社拥有社员302户，拥有优质柿子生产基地2 217亩，资产达到262.30万元。其中，固定资产78.35万元，建成办公用房10间260平方米、库房500平方米、柿饼晾晒棚30个1 800平方米，硬化柿饼加工场区14 000平方米，柿饼包装车间1处260平方米。2018年，合作社实现经营收入368.36万元，户均鲜柿、柿饼销售收入达到1.3万元，人均销售收入达到0.32万元。

二、主要模式

1. 模式概括 合作社通过"合作社＋基地＋农户"的运作模式，统一开展柿子种植、柿饼加工、品种、技术规程、病虫害防治、销售等服务管理。

2. 发展策略 合作社运营模式采用线上线下相结合的方式，成立了富兴农电子商务中心。在柿饼的生产加工上，利用"互联网"将偏僻农村和广阔的城市市场联系起来，促进农民增收。同时，依托柿子生产基地生产出最优质的柿饼，以热情良好的服务、安全快捷的物流，让消费者买得舒心、吃得放心，切身体验到各地的特色文化、品尝到各地的特色农产品。电子商务中心主动适应电子商务迅猛发展、农村消费转型升级的新形势，立足合作社特点和优势，抢占农村电子商务发展的制高点，努力成为当地电子商务发展的主导力量。

3. 主要做法

（1）*健全运行机制，依法规范建设。*一是参照农业农村部《农民专业合作社示范章程》，结合本社实际，对合作社章程进行了进一步修订完善；建立了成员加入和退社制度、社务公开制度、岗位责任制度；完善了财务管理、财务公开、盈余分配及风险保障制度；健全了安全生产管理、产品生产记录、产品质量追溯制度；制定了档案管理、工作人员管理等内部管理制度。

二是建立健全了合作社社员（代表）大会、理事会、监事会等组织机构，通过召开社员大会民主选举产生了理事会、监事会成员。理事会设理事长1人、副理事长1人、理事3人，具体负责合作社的日常工作；监事会设监事长1人、监事2人，负责监督理事会对章程规定和社员大会的决议执行情况。同时，根据生产经营和管理需要，科学合理设置了技术服务、信息服务、物资服务、市场营销、财务管理、办公室等内部管理机构，并建立健全岗位责任制。

三是根据《农民专业合作社财务会计制度（试行）》规定，聘请了具备从事会计工作专业能力的会计和出纳，设置了现金日记账、银行存款日记账、总分类账、明细分类账等会计账簿，按期编制资产负债表、盈余及盈余分配表、成员权益变动表、现金流量表等会计报表；合作社年终盈余分配和盈余返还方案由理事会提出，提交成员大会讨论通过后，按交易量（额）和股金比例进行统筹分配；并为每个成员建立了成员账户，详细记录成员出资情况、公积金份额占有情况、财政补助资金量化情况。

四是全面实行社务公开、民主监督制度，每季度公示一次，每年年初召开社员大会，对合作社的经营方向、财务、分配等重大事项进行民主讨论决定。

（2）*执行生产标准，提高产品质量。*一是合作社坚持立足长远，努力扩大合作社的市场竞争优势，整个生产经营流程，从柿子树栽植、修剪、病虫害防治到销售，由合作社指定专人分别负责社员的培训、技术指导、生产管理、销售服务等事宜。

二是合作社与西北农林科技大学、泾川县果业局和农业农村局等部门密切配合，严格按照农业行业标准和地方标准进行生产操作，因地制宜制定了《富兴农柿饼产销专业合作社柿子安全生产质量标准》，对社员实行统一品种、统一技术规程、统一病虫害防治等服务管理。

（3）注重环境和安全监控，保证产品质量安全。合作社在制定执行柿子安全质量生产标准的同时，更加注重操作环境和安全控制。一是对社员生产过程中农药、化肥100%实行统一采购供应，并由专人负责进出台账、生产过程记录、档案存档工作；二是为保证柿子产品质量，建立了果品质量安全追溯制度和检验检测体系，建立自律性检测制度，固定专业技术人员定期开展质量检验检测，为客商提供质量保证和证明。

（4）加强科技培训，提高社员素质。一是合作社先后与西北农林科技大学、陕西果树研究所等科研院所专家教授建立了常年技术合作关系，并聘请富平杨洋柿饼产销专业合作社郑耀文作为合作社的技术顾问，开展定期上门上户指导，开具"处方"，解决难题，提供多种服务，构筑科技致富的桥梁。二是采取"走出去，请进来"的方式，组织社员、柿农到陕西富平等地参观学习柿子科学栽培管理技术，并聘请邻近大专院校、科研院所和县果业局的专家教授及技术人员讲授果树栽培管理技术知识。三是针对部分农户缺乏管理技术和经验的问题，合作社组织专业技术人员组成技术服务小分队，深入农户、田间地头，开展对果农生产管理技术全程指导，在浇水施肥、整形修剪、疏花疏果、病虫害防治等生产管理环节，集中统一开展"技术送上门"服务活动。

（5）提供信息服务，疏通购销渠道。一是为便于社员掌握国内外市场动态、市场行情及先进技术信息及购销信息，合作社投入1万元资金购置电脑并配套上网，固定专人搜集信息，并通过信息发布台、张榜公布等方式进行信息发布。

二是开展信息咨询，提供产销信息。合作社设立产销信息咨询服务台，由经验丰富、销售渠道广的社员及专业技术人员对广大社员提出的涉及种植、市场营销等方面的问题进行详细答复，解决社员生产、销售难题，为社员进行信息咨询服务，提供产销信息。

（6）搞好配套服务，延伸产业链条。一是为减少柿子生产成本，合作社统一从生产厂家或专业市场批发化肥、农药等，以量大、货款有保障、便于组织运输等优势赢得厂家和经销商的青睐，从而以最低的价位和最优质的品质建立购销关系，购进后以微利赊销给社员，降低了社员的生产成本。

二是为降低市场风险，进一步延伸产业链条，合作社经过充分论证，建办了柿饼加工车间、柿饼晾晒棚、包装车间等。通过柿饼加工，增加了产品附加值。

（7）加大推销力度，狠抓品牌建设。一是为扩大宣传、提高本社的知名度，合作社建立了电商服务平台，固定专人在淘宝网发布本社的柿子及柿饼产销规模、市场价格和技术指标，实行网上销售、扩大市场份额，推动柿子产业的发展。

二是为逐步提高农民合作社主产品的市场占有率，扩大主产品销售半径，提升合作社的市场定价能力，使农民收入逐年增加，合作社与泾川县家福乐超市、星鼎超市以及灵台千惠超市、国盛超市等县内外大型超市和大型农副产品流通企业建立了各种产销关系。同时，积极参与有关农产品交易洽谈会、博览会，开展农产品推介活动。

三是为扩大合作社产品的市场占有份额，合作社向国家商标总局申请注册了"泾帝"牌柿饼商标，并建立内部商标使用和管理的相应制度，根据产品特性和市场需求，统一质量标准、统一包装、统一品牌、统一收购、统一品牌销售，实施品牌化经营战略，加强品牌宣传和保护，以品牌赢得市场。

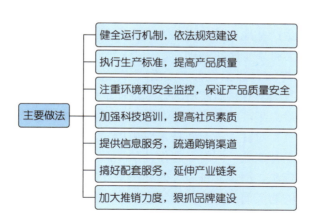

三、利益联结机制

合作社不断吸纳广大柿子种植户加入合作社，合作社与广大社员建立了利益共享、风险共担的风险保障机制。对产前供应的农药、化肥等生产资料保证质量，在产中技术服务随叫随到，在产后实行保护价回收产品。

同时，对社员发展生产缺少资金、农机具等，采取赊账提供物资、按期偿还的办法帮助解决，并积极与农资生产厂家联系，提供社员生产所需的生产资料等。另外，针对部分社员及柿农技术欠缺的实际，合作社采取建立试验示范基地、进行现场指导、不定期举办培训班，指导农户规范种植、田间管理、防治病虫害等，提高了社员和柿农的生产水平，提高了柿子和柿饼的质量。采取统一质量标准、统一包装、统一品牌、统一收购、统一品牌销售的模式在线上线下进行统一销售，实现增收发展。2018 年，合作社实现经营收入 368.36 万元，户均鲜柿、柿饼销售收入达到 1.3 万元，人均销售收入达到 0.32 万元，增加了农户的收入，带动农户脱贫致富。

四、主要成效

1. **财务管理逐步透明规范**　合作社根据《农民专业合作社财务会计制度（试行）》，设置了会计账簿和会计报表，配备了具有从业资格的会计和出纳；为每个成员设立了成员账户，同时，根据章程提取公积金，记入成员账户；可分配盈余按成员与本社的交易量（额）返还；每年组织编制一次合作社年度业务报告，经监事会审核，接受成员质询；财务管理接受县经管部门指导。经过几年的发展，合作社财务管理逐步透明规范。

2. **市场竞争力显著增强**　合作社因地制宜，创建特色基地，根据基地优势，有选择地为社员统一引进柿子新品种。通过引进新品种、应用新技术，进一步提高了柿子品质，增加柿子产量 10%～20%；通过合作社的合理布局，生产基地初具规模，为生产优质柿子、柿饼，提升柿子及柿饼的市场竞争力打下了坚实基础。

3. **服务农户能力逐步提升**　合作社成立以来，着力加大科技投入，以西北农林科技大学等科研院所为技术依托单位，常年聘请专家、学者为顾问。合作社设立生产技术服务部，负责开展新技术研发，各基地设立技术指导小组，负责对社员进行新技术应用指导。近年来，共为社员引进推广新技术、新品种 6 项。同时，合作社从降低成本、提高效益入手，全力整合柿子生产资源，用"五统一"的办法将社员组织起来，即统一生产设备、生产资料的购买使用；统一按绿色食品生产技术规程操作；统一质量检测；统一包装、商标使用；统一产品销售。借助合作社这个平台，使柿农由原来松散型经营模式走向集约化道路，增强了整体凝聚力，改变了过去柿农各自为政、互相封锁技术信息，甚至恶性竞争的局面，合作生产、共享信息、共创品牌、共闯市场、共担风险，既降低了生产成本和市场风险，又提升了产品档次，提高了生产效益。

4. **信息化建设水平明显提高**　合作社配备了电脑、投影仪等设备，明确专人负责电商平台，了解市场信息，及时发布本社产品及服务信息。积极参加省市主管部门组织的相关培训活动，信息服务水平不断提高。

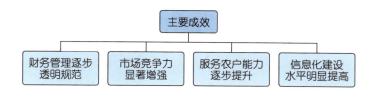

五、启示

1. **产业是基础**　农民专业合作社是加快发展的经济载体和有效形式，特色产业是实现农村发展的重要内容，坚持以产业为支撑是发展农民合作社的基础。在实践中，合作社紧紧围绕柿子产业发展农民专业合作社，带动和促进产业基地建设，培育壮大产业规模，精心打造特色品牌，做大做强特色产业，加快了产业化进程。

2. **利益是核心**　合作社的宗旨是为成员做好服务，让成员满意，并通过各种服务使农民增收，这是吸引农民加入合作社的主要动因。农民专业合作社要按照政策法规，建立健全章程和各项管理制度，与社员（个体农户）结成紧密型利益共同体，对内搞好服务，对外追求利益最大化，建立起有效的利益机制，约束社员的行为，使合作社和社员之间建立利益上的依存关系，实现互利共赢、规范发展。

3. **服务是支撑**　合作社单纯依靠单个农民自主力量建设和发展，无疑是十分有限的，需要社会各界在政策、技术、资金等方面的支持。在运行过程中，通过开展技术、信息、物资供应、市场营销等服务，实行自主管理、自主发展、自主经营，充分调动社员积极性；同时，加强与县乡政府和职能部门的衔接，积极争取财政扶持资金，解决发展中的具体问题，为合作社的发展注入活力。

4. **规范运行是根本**　从根本上讲，合作社规范化建设并不是为了迎合政府规章制度要求，也不是为了"合作社像合作社"，而是因为只有在规范的组织建设下，才能够较好地维护农民成员的权利和利益，才能够较好地实现合作社的长远发展，才能够较好地实现合作社获利和扶持发展的公共政策意图。

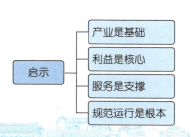

第三章 "企业＋合作社＋农户"发展模式

河北青龙：百峰贸易有限公司

> **导语：**青龙满族自治县百峰贸易有限公司（以下简称"百峰公司"）是河北省省级农业产业化重点龙头企业、省级扶贫龙头企业和省级"京东板栗产业化联合体"核心企业。青龙满族自治县农业特色主导产业为板栗、山楂等农产品。百峰公司在板栗产业发展中，积极探索利益联结共同发展，聚焦聚力强县富民的新型经营机制，充分发挥龙头企业的示范、引领、辐射效应，搭建互帮互助、取长补短、利益分享、风险共御、凝聚引领的有效平台。通过推行"公司＋联合体＋合作社＋基地＋农户"抱团发展的新模式，与联合体成员、合作社和广大农户结成利益共同体，为新型农业经营主体的合作提供了一个制度框架，有效发挥了各类经营主体的优势。既是优势叠加，又是合作共赢；既是产业所需，又是农民所望。

一、主体简介

百峰公司成立于 2002 年，是在原青龙外贸公司改制基础上重组的以板栗、山楂为主导产业的农产品经营企业，注册资本 4 750 万元，总资产 2 亿元。主要经营业务为生鲜板栗、速冻生鲜板栗、板栗仁、熟板栗仁小包装、冰栗、糖炒板栗、山楂、苹果、杂粮、蘑菇等农产品，是中国生鲜板栗出口最大的外贸企业。2018 年，百峰公司加工销售板栗 6 000 吨、山楂 5 000 吨，其中，出口日本生鲜板栗 1 500 吨，占日本进口中国板栗市场总量的 40%，出口创汇 500 多万美元。

百峰公司成立以来，一直以立足农业、扎根农村、服务农民为宗旨，以发展板栗产业、促进农民增收、提高农民收入为己任，在加强板栗基地建设、提高板栗产品质量、强化板栗品牌创建、拓展国内外板栗市场、保证板栗产供销稳健运行、延伸农产品产业链条、增加板栗产品附加值、稳定板栗市场价格、提升农民板栗收入等方面不懈努力，让农民看到了种植板栗的价值和希望，极大地提高了农民种植板栗的积极性，全县板栗产业得以迅速发展。2018年底，全县板栗种植面积达到96万亩，板栗常年产量达到4万吨。未来5年，全县板栗种植面积将突破100万亩，产量达到10万吨，成为名副其实的"全国板栗第一县"。

二、主要模式

1. 模式概括

（1）主要模式：公司＋联合体＋合作社＋基地＋农户。

（2）主要目标：坚持市场主导、龙头企业引导、合作组织自愿、农户广泛参与的原则，促进家庭经营、合作经营、企业经营协同发展，解决好农村专业合作社和农民单打独斗、分散经营的短板，最终结成利益共同体，互惠共赢。

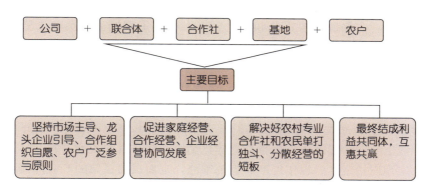

2. 发展策略

（1）发挥百峰公司龙头企业优势，为板栗产业发展奠定产购加销平台。百峰公司是青龙板栗产业抱团发展利益共同体的主体企业，长期以来，积累了众多的国内外客户资源和板栗产购加销等方面的经验，树立了坚实的诚信理念和口碑，是秦皇岛市守合同重信用企业，被中国质量诚信企业协会和中国品牌价值评估中心评为"重质量守信誉公众满意诚信企业"，已成为当地开发板栗资源和建设板栗产业的重要力量。百峰公司密切联系行业特点和发挥自身优势，真正为板栗特色规模产业搭建平台，及时为栗农提供产前、产中和产后服务，提供生产技术指导和服务，提供优质品种和必要的生产扶持物资，推广统一的价格标准、产品标准，将利益最大化让利给联合体成员单位、合作社和农户，使他们真正体会到抱团发展的效应和实惠，主动参与的积极性不断提高。

（2）**发挥联合体和合作社优势，为板栗产业奠定合作共赢基础。**2017年，以百峰公司为核心企业，联合 2 家板栗经营企业、19 家板栗专业合作社、1 家板栗家庭农场成立了"京东板栗产业化联合体"，被河北省批准为首批省级示范农业产业化联合体。在板栗购销环节，百峰公司设立的50 家板栗收购网点和 57 家糖炒板栗店铺，基本上是以联合体核心企业和板栗专业合作社为主要经营载体，切实保证了板栗收购数量和板栗品质。板栗专业合作社的建立，可以更好地聚集人力、物力、财力投入到农业之中发展合作经济，规避风险，为农民提供一条稳定高效的致富道路。

（3）**发挥板栗基地和农户作用，为板栗产业奠定资源质量保证。**青龙板栗是京东板栗和天津甘栗的代表产品。百峰公司仅仅抓住当地板栗产区集中、规模集中的优越契机，努力培育板栗优势产业基地，先后在全县15 个乡镇 35 个村建立了板栗生产基地，基地面积达到 31 万亩，覆盖的板栗产量已达到 2 万吨，占全县目前板栗总产量的 1/2 以上，基地农户达到 10 万户，板栗生产基地化、产品标准化、发展产业化的格局形成雏形，初具规模，为保证板栗资源和质量、扩大和满足市场需求奠定了坚实的基础。

（4）**创新品牌营销思路，不断提升青龙板栗的知名度和美誉度。**百峰公司以举办"板栗节"、开展板栗产业发展论坛、参加各种形式展会、建设板栗展示中心、借助国内主流媒体优势等多种形式，全方位宣传推介塑造形象，创新品牌营销思路，紧盯"国内、国外"两个市场，用好"线上、线下"两个模式，积极打造立体化销售网络。以深入推进农产品进企业，实现以销定产、以销促产、稳定销路，进而提高板栗的产业价值，从而带动栗农增产、增收、增效。

3. 主要做法

（1）**科技引导，不断提高板栗生产技术水平。**在新的合作模式带动下，板栗产业坚持以科技创新、技术改造为依托，以板栗优良品质、规模数量为保证，把科学技术导入板栗生产的各个环节。通过组织定期培训，聘请农业、林业等部门技术专家讲授板栗专业知识，组织技术人员下乡发放有关书籍和资料，进行现场技术指导等方式，让广大栗农了解并采用科学技术种植和生产管理板栗。同时，加大板栗水利设施建设和生产物资的投入，科学防治病虫害，促进和保证了全县栗树健康成长，使板栗产品不断向品种优化、产品优质、农民增收方向发展，确保了青龙板栗成为无公害农产品、绿色食品和有机农产品。

(2) 推进认证，确保京东板栗产地标准化。为提高产品知名度和保证食品安全，百峰公司积极推进板栗基地认证，从板栗繁育种植、生产嫁接到加工生产等环节，严格遵循有机、绿色、无公害原则。目前产区的板栗生产基地，部分通过了日本有机产品认证（JONA JAS）、中国有机产品认证，产品质量稳步提高，板栗产业健康发展。同时，积极推进申请HACCP认证、青龙板栗地理标志、绿色食品认证等相关认证。

(3) 树立品牌，提升青龙板栗的知名度和价值。青龙板栗历史悠久、品质独特，是京东板栗的顶尖产品，在国际市场特别是日本市场久负盛名，享有很高的信誉度，素有"干果之王"的美誉，享有"东方珍珠"的美称，被誉为"京东板栗王"。

百峰公司多年来始终注重板栗品牌创建，先后注册了"京东""都山""青龙"等商标35个。其中，"京东"牌板栗先后3次被河北省质量评审委员会、河北省质量技术监督局评为河北省名牌产品；"京东"商标多次被河北省工商行政管理局评为河北省著名商标，在日本成功注册了"京东"牌商标并享誉盛名。青龙板栗有着最佳的品质和悠久的历史，百峰公司努力在河北省著名商标基础上，向中国驰名商标积极争取，打造京东板栗自有品牌，真正让青龙板栗驰名中外。建立青龙板栗展示中心，通过展示和宣传中国和青龙板栗发展历史、文化民俗、植物特征、经济价值、栽培管理、品牌特性、产业构建等方面内容，运用图文并茂、实物彰显、全息影像、多媒体互动、场景雕塑等多种布展手段，形成趣味互动的观展效果，全面展示板栗的历史文化。

(4) 坚守质量，拓展板栗国内外市场占有份额。严格按照《板栗管理技术规程》《出口板栗收购标准》和《出口板栗加工技术规范》3个地方标准，加强板栗种植、采收和加工等环节管理，保证了板栗的优良品质，大大提高了县域板栗的综合产值。一是积极拓展国际市场，不断扩大国际市场份额。百峰公司先后与日本、泰国以及我国台湾等地的13家知名企业建立了长期稳定的合作关系，出口量年年稳中有升，2018年出口板栗1 600吨。二是积极开发国内市场，不断壮大国内销售渠道。百峰公司先后与北京、上海、天津、郑州等一二线城市的多家客户建立了稳固的销售体系，2018年百峰公司销售板栗4 000余吨。三是充分发挥现代网络优势，推动传统板栗产业向电信化模式迈进。2018年，通过互联网电商平台销售板栗及其产品300多万元。

(5) 综合开发，提升板栗产品附加值。面对目前板栗产业存在着初级原态、产业链短、产值不高、社会效益不显著等特点，努力探索板栗初加工深层模式和板栗深加工模式，努力延长产业链，增加产品附加值。百峰公司通过产销对接、深化加工、开展各种灵活的经营模式，形成了以农业为依托的全产业链协同并进的良好局面。

根据国内外客商将生鲜板栗主要用于"糖炒板栗"的需求，百峰公司抓住契机，通过改造、升级加工设备生产线，将板栗生鲜规格丰富到 18 类，以每千克 10 粒级差为标准，规格从 70~80 粒（特特大）至 210~220 粒（小小粒）应有尽有，从而满足生鲜板栗市场的差异化需求，也填补了国内外板栗规格精细化的空白。积极参加各层级的国内外农副产品会展，将不同规格、不同类型的板栗产品打入国内外大型商超。通过近几年的努力，百峰公司先后在北京、上海、天津、宁波等城市设立糖炒板栗店铺 57 家，2018 年销售板栗 1 000 多吨。积极探求研发新产品，倡导有机、绿色、健康理念，吸引大众消费需求。2018 年，百峰公司积极开拓熟板栗仁小包装，产销量达到 20 多吨。

（6）**强化服务，带动农村第三产业发展**。百峰公司长期致力于带动当地农民脱贫致富，为加快贫困人口精准脱贫的步伐、增加农民收入尽心尽力，促进了青龙板栗产业及其他相关产业发展，推进了青龙农业产业结构的调整，切实做到了板栗创新和万众创业。新的产业合作模式联动板栗产业链条，在生产收购、加工、储存、发运、销售等环节直接和间接带动 10.5 万农户，覆盖全县 25 个乡镇，带动农户户均增收 1 600 元，较好地解决了农村劳动力的从业导向，直接或间接提供劳动就业岗位 3 000 个。同时，增加当地农民季节性就业，年增加工资性收入约 2 000 万元。

百峰公司从农村板栗基地建设、生产种植、加工销售、市场开拓、电商物流等众多领域引导协同发展、产销联动，统筹共建，形成了多位一体的综合开发模式，为推动农村一二三产业的健康融合发展奠定了基础。

同时，推出新的板栗产业合作模式，注重以板栗为主题的资源文化、饮食文化、旅游文化等文化建设。2017 年 10 月，百峰公司和联合体成员单位共同策划和参与了青龙首届板栗节。通过会议效应、媒体宣传、产品展示、实地观摩、文化宣讲等形式，进一步扩大了青龙板栗市场的影响力，使青龙板栗走出深山，走向大中城市，走进千家万户，有效地促进了青龙板栗产业的发展。新的产业合作模式为青龙板栗产业纵向延伸、横

主要做法	科技引导，不断提高板栗生产技术水平	+	推进认证，确保京东板栗产地标准化	+	树立品牌，提升青龙板栗的知名度和价值
	坚守质量，拓展板栗国内外市场占有份额	+	综合开发，提升板栗产品附加值	+	强化服务，带动农村第三产业发展

向扩域以及农村工业、农业和服务业的有机协调发展奠定了坚实的组织基础。通过产销对接、深化加工、开展各种灵活的经营模式，形成了以农业为依托的全产业链协同并进的良好局面。

三、利益联结机制

1. 建立和完善保障机制，实现公司与农民双赢 百峰公司为独立法人企业。按照现代企业制度进行建设，采取财务单独核算机制。多年来，百峰公司以利益为纽带，以签约为保障，建立和完善公司与联合体成员单位、基地和农户的产业化生产机制，与板栗基地集中产区农户签订购销协议，并在产、供、销一体化全过程中保护农户的合法利益，保证产销环节紧密衔接。同时，在板栗收购旺季，在板栗基地集中产区设立板栗收购网点，切实保证产品质量，把好第一道关。与国内外重要客户签订购销合同，实行订单购销，避免国外的贸易壁垒、技术壁垒和国际经济形势对板栗的出口造成的影响，最大限度地实现百峰公司与农民的双赢。

2. 实施资产收益扶贫，带动农民增值收益 2017年以来，百峰公司努力发挥产业龙头企业和扶贫龙头企业的带动作用，积极扶贫助困，带贫益贫，巩固全县脱贫攻坚成果，共吸纳扶贫资金3 402.9万元，实施资产收益扶贫项目，帮扶全县179个村贫困人口22 103人，兑付贫困户收益430.29万元，人均增收195元，真正让贫困户能够分享产业融合发展的增值收益，巩固了全县的产业脱贫攻坚成果。

四、主要成效

1. 经济效益情况 2018年，百峰公司板栗及其深加工产品6 000多吨、山楂5 000吨，实现销售收入1亿多元，直接拉动了县域经济的发展，为农民增收作出了应有的贡献。

2. 社会效益情况 企业的发展壮大，增强了板栗生产加工的带动能力，促进了林业增产、栗农增收和农业增效，在带动农民脱贫致富方面效果显著。全县仅此板栗一项产业，每年就为全县农民增加收入6亿多元。百峰公司通过产业项目，每年可带动1 000人就业，为农民创收1 100万元。一是在全县设立50个板栗收购点，每年收购季节可带动500人就业，直接和间接为农民创收300多万元。二是每年生产加工可直接带动350人就业，增加农民工资性收入约420万元。三是在全国50多家糖炒板栗店铺，每年劳务输出150人就业，增加农民工资性收入380万元。

3. 生态效益情况 百峰公司长期致力于青龙板栗生产经营，板栗产业的发展促进了全县林业的结构调整，推动了林业产业升级。因农民不断地扩大板栗栽植面积，全县林木覆盖率明显提高，环境得到了较好的保护，进一步改善了生态环境、提高了人居质量、满足了人民对健康的需求，生态效益明显提升。

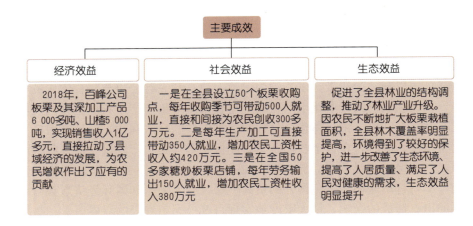

五、启示

抱团发展有利于整合资源、联合开发、实现共赢。

抱团发展有利于获得更大的经济效用。不仅能提升板栗栽培的质量及产量，也提升了板栗的销售价格。对板栗种植户来说，抱团发展无异于获得了更多的经济利益，同时也加快了公司的发展步伐。

抱团发展有利于抵御风险。随着市场经济的不断变化，板栗种植户管理经验不足，需要企业与农户及合作社之间集体融合，在这个基础上采用技术革新、科学栽培、扩展市场，共同抵御可能产生的风险，可确保板栗行业的稳步发展，从而降低风险。

当前，我国农业农村发展进入新阶段。各地顺应新型农业经营主体蓬勃发展的新形势新要求，探索发展农业产业化联合取得了初步成效。农业产业化是企业、农民、农村合作社等新型农业经营主体以分工协作为前提，以规模经营为依托，以利益联结为纽带的一体化农业经营组织联盟。

新形势下，发展农业产业化联合具有重要的现实意义。可以做到发挥产业绝对优势，实现独立经营、联合发展；企业带动、分工合理，产业增值、农民受益。落实中央决策部署，围绕推进农业发展的结构性改革，以帮助农民、提高农民、富裕农民为目标，以发展现代农业为方向，以创新农业经营体制机制为动力，积极培育发展一批带农作用突出、综合竞争力强、稳定可持续发展的农业产业化联合，为农业农村发展注入新动能。

山西翼城：舜田农产品开发有限公司

> **导语：** 随着新中国成立初期农业合作社的建立以及改革开放后社会主义市场经济的快速发展，我国的"三农"问题逐渐展现出来。然而，农业是我国的民生之本，农业发展是我国农业发展工作中的重中之重。所以，解决"三农"问题，振兴乡村，产业现代化发展刻不容缓。在这一背景下，一系列的农业发展政策陆陆续续被提上日程，与之相对应的农业政策的改革之路也正式拉开了帷幕。舜田农产品开发有限公司懂得"机不可失，失不再来"的道理，抓住转型机遇，大胆地迎接挑战，开启了"企业与农户抱团发展"的新模式，使"公司＋合作社＋农户"的模式运动如火如荼地进行着，并且初步取得了一定的成就。

一、主体简介

乡镇加快发展农民专业合作组织。2007 年前后，翼城县部分乡镇在乐观应对"三农"问题和主动进行生产经营体制创新的同时，还积极学习农业政策和农业改革发展的会议精神，建设农民专业合作组织领导小组，下放乡镇领导，派遣村干部对农业进行帮扶服务，并且取得了显著的成效。但该合作组织尚未真正成熟起来，仍然存在监管不到位、规模比较小、市场竞争力弱、浪费严重等问题。

创新生产经营体制，发展农民专业合作社。2007 年前后，县委、县政府为全面了解县里农民专业合作社的发展现状进行了一次较为深入的专题调研，走多元化经营发展之路，延长产业链，宣传产业文化，打造特色品牌，增加销售渠道，扩大农产品的国内外市场。以湘慈专业社为例，其有 13 家农民注册合作社，农民入社 1 755 户，带动其他农户 16 330 户，基地面积广袤，销售额累计 9 766 万元，农户财产累计增加约 1 322 万元，获得了"市龙头企业"的称号，取得了初步的成就。从长远来看，该合作社处于粗放的产销模式，社规模尚小，自身建设存在不规范、不专业等问题，缺乏人才和技术的支持，市场影响力范围小，而且政府的扶持力度相对较小，融资困难。

行业面临转型升级，各大企业大规模重组裁员。2007 年前后，各行各业都发生了重大的转折。比如，电动汽车的广泛使用；再比如，海尔集团从家电制造到制造创客和企业家，新的农业发展变革之路拉开了序幕。舜田农产品有限公司在该背景条件下创立。

二、主要模式

1. 模式概况 舜田农产品开发有限公司在 2007 年 5 月创建，是一家一体的现代化农产品加工企业，主营小米、杂粮等，集种植、研究、推销一体。此外，该公司成立小杂粮专业合作社，采用"企业＋合作社＋农户"的模式，生产无害的优质的谷子、小米、绿豆等，其中的"翼州黄"小米黏性较强，甘醇绵长，香气袭人，富含钙、铁、磷等多种营养成分和微量元素，是该公司的品牌特色，也是主打招牌，并且"翼州黄"小米获得了多项殊荣。例如，公司"翼州黄"小米参加全国展销会，荣获 2010 年山西特色农产品北京展销周金奖、2012 年第二届山西特色农产品北京展销周金奖、2012 年第二届中国（山西）特色农产品交易博览会畅销产品奖、2013 年第二届中国（山西）特色农产品交易博览会畅销产品奖、中国绿色商品 2013 青岛博览会畅销产品奖、中国特色商品品牌、中国市民喜爱的品牌等各大殊荣。

首先，公司虽然拥有专业的技术人员、技术顾问和专业机构，但总体上来说规模较小，市场竞争力比较薄弱，可能难以应对类似于国际金融危机、亚洲金融危机等的冲击，规模上升空间有待提高，市场竞争力的提升空间大。其次，公司的经营模式虽然有所创新，但是还是比较单一的经营模式，像"观光＋采摘"模式、园区聚集模式并未采用，多元化发展经营之路困难重重。另外，公司的生产基地比较偏僻、单一，开发其他生产模式的难度较大，农产品生产规模有待提高，生产基地范围有待加大，并且应更加多样化。最后，公司的农产品主要在北方销售，缺乏南方市场，销售范围有待加大，销售渠道有待增多，品种研究有待多样化，资金研发投入有待加大。

2. 发展策略 坚持"服务'三农'，普惠民生"不变的公司宗旨。公司员工现有 153 名，其中，7 名专业技术人员，另聘请县农业技术推广中心 5 名中高级农艺师为技术顾问，还设有基地科、加工科、检验科、销售科、办公室 5 个机构，增加了农民的就业机会，缓解了"三农"问题。此外，2016 年"翼州黄"小米实施改扩建项目，年转化原料 5 000 余吨，年加工量 3 800 吨，年产值 3 000 万元，纯增经济效益 400 万元，带动全县 4 000 余户种植谷子。而且，公司引进了一套全国先进的小米低温加工生产线，使年加工能力达到了 10 000 吨。随之而来的还有市场的不断扩大，产品市场扩展至山西、河南、北京、天津各大商超市场，使市场占有率在晋南地区达到了 50%。

不懈追求"秉持原生态，健康中华人"的原则。自从组建公司以来，全体员工积极弘扬"自信坚韧，爱拼敢赢"的翼城精神，坚持"生产原生态，研究深层次，营销网络式"的经营理念，实行"五统一"基地管理模式，即统一规划、统一品种、统一技术、统一收购、统一价格，其成立的翼城县金田小杂粮专业合作社，采用"公司＋合作社＋农户"的模式，已在全县隆化、浇底、中卫、桥上等优质小米生产乡镇发展"翼州黄"绿色标准化生产基地 15 829 亩，无公害谷子杂粮生产基地 40 000 余亩，年产优质无公害谷子 5 000 吨，是引领农业发展走向产业现代化的重要力量。

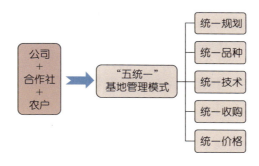

主打"翼州黄"小米这一特色品牌，增加"翼州黄"小米的参赛机会，并且获得多项荣誉，以此来加大了公司的宣传效应。公司深入了解了南北方的饮食习惯、民族风俗等差异，将特色品牌的主打市场放在了山西、河南、北京、天津各大商超市场，不断提高农产品在晋南地区的市场占有率。此外，杂粮专业合作社更加灵活多变，使用新的生产模式，在隆化、浇底、中卫、桥上等优质小米生产乡镇发展翼州黄绿色标准化生产基地 15 829 亩，无公害谷子杂粮生产基地 40 000 余亩，并且每一年产出大量无害优质的谷子，产量乐观。

扩大生产基地，最大范围地召集农户。舜田农产品有限公司不仅是一家一体化的现代化加工企业，还参与产品的研发。要更好地研发产品，就需要一定的实验基地。公司目前的合作社主要在北方，即使如此，生产规模也比较小。该公司应从农户下手，坚持抱团发展，创立一套激励机制。凡是介绍农户给该公司并且成功合作后，介绍的农户都能得到一定的奖励，奖励可以是农产品，可以是现金，也可以是公司分红，把周围的农户一家家集中起来，为公司所用。除此之外，该公司还得得到农户们的信任。一般来说，农户们是很有风险意识的，一点点的风险他们或许都不愿意去冒。所以，要取得农户们的信任，首先要降低农户们的风险。公司向农户们承诺，前期所有的风险是公司的，盈利是农户们的，后期农户们则需要承担一定的风险，但会最大限度地保障他们的收益。这样一来，就会比较容易把周围的农户们集中起来，公司就可以在农户们的基地上做研发。一方面，可以帮助公司研究新品种，扩大消费市场；另一方面，也可以最大限度地利用土地资源，帮助农户们脱贫致富，走向双赢的局面。

合理化地筹集资金，加大产品的技术科研投入。任何一个企业需要发展，前期都离不开大量资金的投入。但是舜田农产品有限公司规模比较小，集资力量薄弱。在这种情况下，公司可以向外销售股份，从而获得研发资金，也可以号召更多的农户们集资，还可以去寻求政府帮助，但是这种情况下政府的帮扶力度比较小。但在对自己的企业有信心的情况下，企业可以去银行申请贷款，这样可以最快最大限度地筹集到资金。但是在资金到位之前，需要合理地做好农产品的技术研发计划，做到不慌不忙，心中有数，心中有底。资金到位之后，加大农产品的研发投入，在不同的农产品生产基地研究不同的产品，提高研发效果，使农产品的品种更加多样化、个性化。

加大宣传力度，打造特色企业文化，增加销售渠道。利用"互联网＋"和多种媒体进行线上线下宣传，投入一定的广告宣传费用，增强品牌效应，把公司的抱团模式以及公司和农户们抱团后所取得的成绩展现出来，吸引更多的企业和农户加入公司这个大家庭里来。另外，顺应电商发展的时代潮流，与时俱进，坚持线上和线下相结合的销售模式，打造属于该公司的特色发展平台。

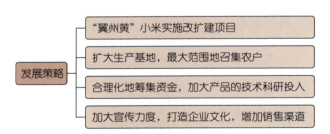

3. **主要做法**　因地制宜，打造特色品牌。产于三晋源头的"冀州黄"小米由于当地海拔高、空气稀薄、日照长、周围温差大、红壤土质、肥力强等原因，使得小米颗粒饱满，产量高，色泽金黄，香气馥郁，质量好。明孝定李太后曾经为北京前门天桥晋冀会馆题匾额"岳震声寒"，翼城粥棚曾遍布京都，誉满神州。该公司利用"冀州黄"小米的历史文化底蕴进行宣传，加强"冀州黄"小米的品牌效应。除此之外，公司还巧妙地利用当地优质的自然环境因地制宜，主要生产"翼州黄"小米，并且取得了一定的成效，增强了公司在农产品行业中的影响力，市场竞争力有所提升。

抓住机遇，迎接挑战。公司抓住企业转型的发展机遇，创新"企业＋合作社＋农户"的发展模式。制定出"服务农业，以农业为主"的核心发展理念，积极弘扬企业历史文化精神和员工们的自信自强、自强不息的翼城精神，逐步扩大生产规模，引进专业技术人才，构建互联网与企业—企业与农户—农户与互联网的信息沟通平台，让沟通到位、交流到心，培养员工自身的技能素养，派发专业技术人员对农户们进行现场指引，提供专业顾问带领农户生产农产品，推动乡村振兴产业发展，拓宽市场销售渠道。并且在得到政府的支持下，与合作社和农户多方合作，缓解了融资难的问题，融集更多的流动资金，逐步向专业化、规范化、多元化方向迈进，慢慢打开国内外的市场大门。

深加工增加产品的附加值，延长产业链，扩大合作社范围。像"翼州黄"小米产自山区，是一种优质无公害的农产品。而翼城县金田小杂粮专业合作社则在隆化、浇底、中卫、桥上等优质小米生产乡镇发展"翼州黄"绿色标准化生产基地 15 829 亩，无公害谷子杂粮生产基地 40 000 余亩，年产优质无公害谷子 500 余万千克的同时，也在山西省翼城县隆化垣一带的山区种植黄小米，并且获得了无公害谷子生产基地的认证以及多项荣誉，带动了当地绿色经济的发展，也拓宽了"翼州黄"小米的绿色发展之路。

"翼州黄"小米对自然环境要求高，而公司杂粮社生产的杂粮对自然环境要求相对较低一些。从操作性来看，杂粮更容易操作，其灵活性更强，生产操作也更加简单，而"翼州黄"小米适用范围较小、产量相对较低。从风险评估来看，"翼州黄"小米虽然影响范围大、口碑好，但是风险大，遇上自然灾害难以应对，容易减产；而杂粮的生命力则较为顽强，更容易存活下来。所以，"翼州黄"小米需要选择适合其生长的基地，不可以盲目去种，也不可以为了眼前的经济效益盲目跟风。所以，为了保障最大的经济收益，公司可以大片种植杂粮以增加农产品的产量，而对于"翼州黄"小米，则需要合理种植、规范化种植，提高其产品质量。

三、利益联结机制

一方面，合作社和农户为企业生产提供了绿色生产基地和劳动力，传承了传统的农产品种植方式和经营方式；另一方面，使企业在得到政府扶持的同时也能得到合作社和农户的帮助，在一定程度上解决了资金短缺的问题，使企业拥有了更多可使用的流动资金，融资更加方便，生产规模不断加大，产销模式更加成熟，推动公司向规模化、标准化、科技化、无公害现代农业循环经济方向发展，成为现代化农业快速发展的领头羊。

企业为农户增加了收入。公司到来后，为农户提供了人才和技术，解决了当地农产品种植的技术性难题以及人才缺乏的困难，因地制宜种植农产品。公司在历经 10 年的磨砺后，实施 2016 年"冀州黄"小米改扩建项目，拓宽了销售渠道，创制新的产销模式，增加了农产品产量、销售量及市场占有率，促使年转化原料 5 000 余吨、年加工量 3 800 吨、年产值 3 000 万元、纯增经济效益 400 万元，带动全县谷子种植户 4 000 余户。此外，公司还借力其他企业，抱团效应显著，带动更多的相关企业进驻公司的生产基地，带动当地农业相关行业的发展，增加了当地农户的就业机会，促使当地的农民收入实现稳步增长。

四、主要成效

经济上，"企业＋合作社＋农户"的抱团生产模式在一定程度上解决了人才、技术以及信息不流通的难题，同时吸引了更多的资金流入，融资难这一困境得以缓解，农产品产量大增，销售量加大，产品质量得到保证，销售额大大增加。而且该模式促进了当地相关产业的发展，增加了农户的就业机会，提高了农户的经济水平，有利于帮助农户脱贫，促进了集体经济的进一步发展，推动社会主义市场经济体系更加体系化、制度化、规范化。

社会效益上，公司坚持"服务'三农'，普惠民生"的宗旨，秉持着"秉持原生态，健康中华人"的原则，为现代化农业的发展树立了好的榜样，体现了公司的社会责任和担当精神。另外，公司全体员工积极弘扬"自信、坚韧、敢赢"的翼城精神，具有奋进精神。公司对产品的深入研究，用心经营的管理模式，引领潮流的核心理念，无不昭示着公司的独具匠心，体现着公司对滔滔大国工匠精神的传承与发展。

生态效益上，该模式创新了农业生产模式，走农业现代化发展之路，解决人才、信息和技术方面的难题，增加了农产品销量，提高了农产品质量。而且，互联网信息的流通到位，使沟通更加便利。农户产出多少，企业就收购多少，不用自己去寻找销售出路，减少了库存以及降低了产品的浪费率。该模式因地制宜，无害化生产，增加了土地资源的利用率，减少浪费，有利于保持水土、保护生态环境。

五、启示

在经济快速发展的情况下，不能仅仅固守传统的农业生产模式，不能故步自封，而是要勇于尝试，敢于创新，敢为人先。一方面，抓住经济转型发展的任何一个机遇，勇敢地面对困难，推动企业的成功转型；另一方面，应不断研究新思路，提出新方案，勇往直前，发展多种方式的经营模式，促进产业更加规范化、全球化。同时，以拥抱世界的胸襟面对生意场上的竞争对手，借力其他企业入驻当地，在规范合理经营的条件下，允许其他企业的加入，共同发展，打造合作共赢的新局面。

目前该模式所带来的收益和成效是可观的，但农户们应该积极完善自身技能学习，提高自己的专业素养，适应时代快速发展的经济变化，更好地迎接互联网经济下的挑战。农户们应增强战略意识和全局意识，具有战略眼光和全局眼光，透过现在看未来，找到绿色共享互联网经济的发展之路；同时，跳出国门，从世界的角度来看待自己的产品生产模式和销售模式，拥抱企业、拥抱世界、脱离贫困、奔向幸福，书写企业新的辉煌，携手农户们向农业现代化、工业化、城镇化的方向发展。

江苏扬州：冶春食品生产配送股份有限公司

导语： 百年老字号冶春既有文化内涵又有"扬州记忆"，承担着淮扬菜复兴的重大使命，肩负着农民增收、农业增效和乡村振兴的国企责任。

作为中央农村一二三产业融合发展的试点实施单位，扬州冶春食品生产配送股份有限公司联合15家农业产业化龙头企业、专业合作社、种植与养殖基地共同成立扬州扬子江淮扬菜点产业化联合体，以冶春百年品牌为背书，以农村一二三产业融合发展理念为核心，以农产品加工为龙头产业，以农产品价值链条开发为抓手，以产业发展与市场衔接为支撑，延伸农业产业链，提升农产品价值链，优化产业供应链，一如既往地坚持品质经营，寻求品牌发展，让广大消费者在印象中感受"原料美好"、在舌尖上品鉴"淮扬佳味"、在体验中实现"品牌依恋"的同时，着力探索建立农民在农村一二三产业融合发展的模式和利益共享机制，培育农村新业态和经济新的增长点，促进农业增效、农民增收和乡村振兴。

一、主体简介

淮左名都，竹西佳处，淮扬自古繁华；交通南北，货运东西，孕育美食文化。在扬州悠久底蕴的滋润下，诞生了以冶春为代表的江苏老字号品牌。冶春意为陶冶春色，始于明末，是清代扬州八大名园之一，1877年迁建于现址，是古城扬州的一家百年老店。历史上，著名戏剧家孔尚任曾题写"冶春社"；乾隆皇帝曾在此品茗尝点，并敕设满汉席。

作为一个饮食文化空间，冶春浓缩了扬州2 500年饮食文化发展的历史，冶春蒸饺、扬州包子等名点展现了扬州的早茶文化；大煮干丝、水晶肴肉等菜品秉承了淮扬的传统风味。作为扬州"皮包水"文化——吃早茶的首选之处，在扬州扬子江投资发展集团的精心打造下，冶春秉承传统技艺，结合现代连锁经营方式，相继在扬州、台北、新加坡、北京和上海等地开设了多家连锁分店，深受当地人的欢迎，更是国内外名人政要体验淮扬美食文化的接待场所，得到国内外知名人士的盛赞，不断书写美食神话。

如何保证冶春品牌出品的产品质量始终如一、进一步提高产品附加值，是摆在冶春人面前的一道难题。为此，在扬州市扬子江投资发展集团的带领下，扬州冶春食品生产配送股份有限公司（以下简称"冶春食品公司"）应运而生。

冶春食品公司是由扬子江投资发展集团联手其他国有企业及知名民企共同投资设立，注册资本金 1 亿元，是一家进行生鲜加工、食品生产及关联性产品集成管理的生产配送公司，是多业态的供应链服务企业。公司坐落于扬州城区东北侧，一期总投资 1.5 亿元，占地面积 47 亩，设有菜肴成品半成品加工车间、包子生产线、豆浆粥品生产线、集体配餐生产线等，每日可配送食品原料 18 吨，加工果蔬 10 吨，加工肉禽 5 吨，熟食、馅料 15 吨，豆浆粥类 5 吨，生产包子类 40 万只，先后取得了中央厨房和集体配餐的食品经营许可、食品生产许可，成功通过 ISO 9001、ISO 22000 和 HACCP 管理体系认证，其规划、设计和建设在江浙地区处于领先地位。近年来，"冶春"品牌被认定为江苏老字号，公司入选农业农村部"特色产品型中央厨房产销模式案例"，是中央农村一二三产业融合发展试点实施单位，承担省、市两级"中央厨房冷链物流配送服务标准化试点"工作。

二、主要模式

1. **模式概括** 冶春食品公司以冶春百年品牌为依托，以农村一二三产业融合发展理念为核心，以农产品加工为龙头产业，以农产品价值链条开发为抓手，以产业发展与市场衔接为支撑，延伸农业产业链，提升农产品价值链，优化产业供应链，构建"生产基地＋中央厨房＋冶春门店＋商超＋线上营销"产销一体化的发展模式，进一步强化了品牌效应。

以冶春百年品牌为依托

以农村一二三产业融合发展理念为核心

以农产品加工为龙头产业

以农产品价值链条开发为抓手

构建"生产基地+中央厨房+冶春门店+商超+线上营销"产销一体化的发展模式

2. **发展策略**　借助冶春百年品牌影响力，通过扬子江淮扬菜点农业产业化联合体的建设，构建出"生产基地＋中央厨房＋餐饮门店＋商超"一体化的产业融合发展模式，建立产、加、销一体化的产业化运行机制，提高农副产品流通效率，提升食品安全追溯能力，促进农业产业化经营的发展，并最终形成产业链延伸型为主、新业态嫁接型为辅的发展新格局，为扬州成为华东地区的"中央厨房"做好支撑作用。

(1) **产业链延伸**。一是围绕淮扬菜、冶春包子标准化、规模化生产加工等龙头产业，完善生产基地的筛选、集采，或者合作共建的形式参与到种养基地中来，为下一步农产品的精深加工、食品溯源提供基础保障。二是通过对加工设施设备提档升级，扩大生产规模，做优做强加工产业。三是健全农产品产地营销体系，推广商超、农企等形式的产销对接，为上海、南京等大城市菜篮子的稳定供应提供保障，为扬州成为华东地区的"中央厨房"做好支撑作用。四是通过物流服务标准化建设，进一步加快农产品冷链物流体系建设，加速推进果蔬基地及流通体系与储运加工布局有机衔接，实现农业产业链延伸发展。

(2) **新业态嫁接**。一是积极整合集团旗下宾馆、酒店、物业、家政、开发、商贸等供应链各环节和相关产业优势，丰富自身产品内容，形成多样性的产品组合方式，不断向外拓展线下市场渠道。二是以信息技术、物联网技术为突破口，发展电子商务，开展线上销售和服务，提升食品发展的信息化水平，催化生成新的业态。

3. **主要做法**

(1) **抓基地化、大宗化、全球化集中采购，做强产业链条**。一是推进基地化建设。围绕扬州淮扬菜点规模化、标准化生产加工这一特色主导产业，通过自建和合作等方式进行基地化建设。在扬州市内，注重建好粮食、螃蟹、蔬菜种植和畜禽养殖屠宰等基地，以冶春品牌贴牌生产大米等农产品，既带动农村农业规模发展、农民增收致富，又确保食材原料的安全健康；在国内，积极加强和拓展东北杂粮基地、榆林蔬果、南通水产、厦门鲍鱼等品牌基地建设，形成完整产业链条。二是积极开展境外合作。加快国际国内市场开拓，建立国际化采购平台，在深化对外合作过程中，大宗采购国外优质农牧产品，不断提升产品供给质量。截至2018年底，大型合作采购商达到44家，集中采购额超过9 000万元。三是探索联合采购路子。对现有合作的44家基地进行评估优化，尝试与其他餐饮企业、食品加工中心进行联合采购，放大采购量平抑价格，最大限度地合理降低采购成本，增强产品市场竞争力。四是联合15家农业产业化龙头企业、专业合作社、种植与养殖基地共同成立扬州扬子江淮扬菜点产业化联合体,以冶春百年品牌为背书,鼓励和引导农业龙头企业制定最低收购保护价,按农户出售产品的数量适当返还利润,与农户结成"龙头企业＋基地＋农户"等利益共享、风险共担的利益共同体,实现企业与农户的"双赢"。

(2) 攻科技化、市场化、个性化食品研发,助力规模生产。一是盘活技师资源。整合旗下厨师队伍,合理安排厨师人员,盘活厨师资源,建设标准化后厨操作流程,逐步实现规范化、规模化生产。二是推进产研一体化。围绕高端宴席开发、特色单品打造、大型宴会菜品等,在抓好传统技艺传承的基础上,联合江南大学、扬州大学等知名科研院所成立食品研究院,加快对淮扬菜新品研发、个性化主体套餐以及供应链存储技术进行全方位研发创新,实现产研一体化。2018年底,冶春食品研究院成立运行,2019年3月获批省研究生工作站挂牌。三是加快转型发展。继续围绕产品的全周期、全流程、全模式,将产品研发与市场销路接轨,以关键技术的突破,推动扬子江集团的规模发展和转型发展。

(3) 抓标准化、规模化、安全化工业生产,实现做强做大。一是建立规范工艺流程。冶春食品中央厨房自运营以来,严把进厂审核、生产控制、出厂检验三大关,逐步建立完善了卫生安全标准和中央厨房生产工艺流程,成功通过ISO 9001质量管理体系认证、ISO 22000食品安全管理体系认证。二是提升安全生产标准。对所有进厂食材进行深度、全面的快速检测和48小时留样管理,对食材粗加工、精加工、加热调理、计量分装、保温保鲜、包装存储等工艺过程进行定量、准确管理,菜肴要经过"热风传递柜"隔离污染,工作人员要执行浸脚池消毒、风淋除尘程序,确保以科学的保障、严格的管理提升安全生产标准。三是逐步实施规模生产。坚持释放产能,调优生产结构,提高链条带动能力,逐步实施规模化生产。目前,集团已达到日配食品原料18吨,加工果蔬10吨,加工肉禽5吨,熟食、馅料15吨,豆浆粥类5吨,生产包子类40万只左右,2018年实现了营收1.2亿元。2019年实现了长货架期酱卤制品、料包上线试销售,完成新旧动能快速转化,逐步形成"团餐业务规模化、包子产销规模化、酱卤料包规模化"三驾"马车"齐头并进的发展态势。

(4) 抓连锁化、大众化、快捷化门店发展,扩大品牌影响。一是加快连锁化发展。目前,冶春在扬州、南京、无锡、北京、台北、新加坡等地拥有各类门店31家,形成了"旗舰店＋小馆＋包子铺"的连锁发展模式,以旗舰店形式连锁发展、展示形象。二是坚持大众化发展。聚集高铁、商超、CBD、SHOPPINGMALL等人流密集区开设冶春小馆,让包子铺走进社区、医院、学校等区域,以大众化形象实现产业化发展。围绕连锁门店、中高端餐饮市场、连锁商超市场等八大市场商业模式，开展团餐服务，提升市场口碑，扩大品牌影响力。目前，团餐食堂已经走入政府部门、世界 500 强企业、银行和大学等近 70 家团餐食堂，日服务人群超 5 万人。三是推进快捷化发展。2019 年 4 月在海峡两岸（扬州）名特优农产品暨江苏蕙兰博览会上，冶春首次展示了快捷店试点店，主打快速和便捷消费体验，以精品套餐和定制包装形式，将主食和饮品包装盒合二为一，真正让顾客拥有即买即食、边吃边喝的便捷体验。下一步，快捷店模式将围绕高铁、高速服务区和机场等广泛推广。四是提炼"社区邻里中心＋团餐"模式，紧贴集团承建市委市政府民生幸福工程的社区邻里中心建设，增加收发快递、售卖冶春半成品等功能，提供功能齐全的集中便民服务，为物业贡献新的利润增长点。五是推进"线下体验＋线上营销"模式，一方面，建立冶春食品线下体验店，在团餐食堂设立专柜，销售冶春系列产品以及全球范围内有地域优势、产品特色鲜明的各类食材，不断叠加市场价值；另一方面，建设电子商务 OTO 平台，着力推进"扬子荟"商城平台的粉丝队伍打造、营销策划、运营管理等，打通线上购买新渠道，加强线上线下互动，把线下的客户变成线上推广的对象，把线上的客户变成线下的购买者。六是将冶春食品中央厨房系列产品推入华东地区大型连锁商超，供应规模连锁酒店、中高端酒店，为冶春走向全国、走向更广阔市场抢占了更高的站位。七是积极研究冶春产品进入铁路公路系统、医疗系统等定制市场。针对铁路系统、医疗系统等行业无法及时用餐、时间不固定、地点分散、人员不集中以及对营养有特殊需求群体送餐模式，探讨通过开设惠民外卖窗口、发展外来业务等模式，让冶春团餐配送突破渠道限制。

（5）抓冷链化、信息化、标准化物流配送，完善产销体系。公司以冶春食品标准化中央厨房生产基地为核心，通过冷链物流配送标准试点项目的建设，开展"中央厨房＋食材冷链配送"等模式创新，逐步实现冷链物流全过程的信息化、数据化、可视化，进一步缩短农产品与终端消费者亲密接触的时间，物流网点连点成线、接链成网，不断拉近农户、农业经营主体、农产品加工流通企业和最终消费者之间的距离，不断提高食品的保鲜能力，延长食物的存储时限。

（6）抓高端化、精致化、体验化名宴提升，提升淮扬菜点质量。一是推广文化饮食。利用冶春百年品牌，深挖扬州名城和淮扬菜点的文化内涵，宴席中将互动与菜肴相融合、演出与味蕾相呼应、典故与文化相勾绘，不仅提供完美的舌尖体验，更奉献一场视觉与文化的盛宴。二是提升品牌形象。在扬子江投资发展集团带领下，踊跃参加香港回归 20 周年江苏美食周、"水韵江苏"香港文化嘉年华、香港赛马会淮扬菜美食节、澳门迎新会、澳门美食节等高规格盛会，不断提升冶春品牌的品牌影响力、竞争力。三是打造精品名宴。围绕红楼宴、红楼早宴等名宴，将食材、菜单、口味、造型、器具、表演、互动等方面进行品质提升、工艺打造，在保持高端形象的同时，不断向市场推广，助力扬州"世界美食之都"的成功申报。

三、利益联结机制

以冶春品牌作为本地区强农兴农的有力背书，以冶春食品公司中央厨房项目为基点，联合江苏威伍水产发展股份有限公司、扬州鼎鑫食品发展有限公司、扬州市小弟养殖有限公司、扬州市邗江沁色禽业专业合作社、泰兴绿馨园农业合作社、兴化市恒通宇水产养殖专业合作社、丹阳市盛塘水产专业合作社等15家省、市级农业产业化龙头企业、专业合作社、种植与养殖大户，积极推动"扬子江淮扬菜点农业产业化联合体"建设，让龙头企业、合作社、农户相互之间按照保底收益、优先选择联农带农能力强的生产基地、合作社等多种形式，通过直接采购、统一合同价收购农产品建立利益共享机制，在服务农户的同时，让农户更多分享二三产业增值收益。冶春食品公司带动农户超4 000户，辐射产业面积超万亩，带动农户年增收近800万元。

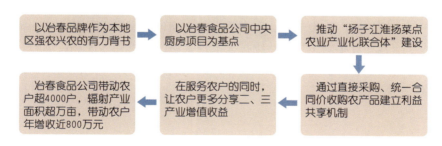

四、主要成效

冶春食品公司借助冶春品牌效应，通过建立并逐步完善"生产基地＋中央厨房＋冶春门店＋商超＋线上营销"的产销一体化模式，基本形成一个以百年冶春品牌为依托的"农业基础设施完善，产业链条完整，三次产业融合紧密，利益联结共享，经济生态社会效益显著"的农村知名品牌产业振兴新样板。冶春食品公司2018年营收近1.2亿元，且近3年营收增幅超30%；年农产品采购额近1亿元；通过净菜加工、食品生产、电子商务等中间环节，带动周边农民就业400人次，年发放工资福利近2 000万元。

订单合作的种养企业以及食品生产过程中无废水、无粪污，基本达到零排放，农产品精深加工所产生噪声、固废处理符合环保部门验收要求。同时，为具备抗御市场风险的能力，在联合体内鼓励企业开展大米、猪肉、鲍鱼、蔬果等绿色、无公害农产品及其产地的认定，为提升农副产品的附加值、增加农民收入、拓宽农产品流通渠道提供生态保障。

五、启示

为实现冶春百年品牌的提升，冶春食品采取一二三产业融合发展提振产业兴旺，打好基地种养、科技研发、规模生产、市场开拓这4张"牌"，切实抓好冶春百年品牌这一优势，与之紧密结合，将冶春历史文化融入产业振兴宣传，将农产品经过精深加工、文化包装融入市场销售，真正做到以品牌兴农、以农促企业快速发展。

"冶春"品牌凸显三大亮点：一是品牌辐射扩张能力，冶春食品公司利用各类优质平台，展示冶春品牌的淮扬菜点，在进一步提升品牌影响力的同时，提高产品附加值，让农民更多分享二三产业的增值收益；二是龙头企业示范带动，通过冶春食品公司的示范带动，辐射带动茶农4 000余户，带动周边产业面积超1万亩，农民人均年增收2 000余元；三是坚持产业融合发展，冶春食品公司围绕打造"扬州放心食品的基础提供商、中国淮扬美食的一流供应商、世界中式餐饮的品牌服务商"的发展定位，始终坚持以一二三产业融合发展为核心，在生产基地、食品研发、中央厨房生产、连锁门店、八大市场、名宴提升等方面创新举措、做足文章，精心打造"冶春"百年老字号，持续扩大淮扬菜系的品牌知名度和影响力，培育农村新业态和经济新的增长点，促进当地农民增收、农业增效和乡村振兴。

浙江桐乡：产业组合抱团

导语： "产业兴旺、生态宜居、乡风文明、治理有效、生活富裕"，是党的十九大报告提出的实施乡村振兴战略的 20 字总要求。桐乡市始终把促进农业增产、农民增收作为实施乡村振兴战略的重要抓手，从体制机制上不断加大改革创新的力度，千方百计提高农业产出水平和农民收入水平。党的十九大报告指出：培育新型农业经营主体，健全农业社会化服务体系，实现小农户和现代农业发展有机衔接。2019 年 2 月，中共中央办公厅、国务院办公厅印发《关于促进小农户和现代农业发展有机衔接的意见》，提出要扶持小农户，提升小农户发展现代农业能力，引导小农户开展多种形式的合作和联合。有鉴于此，2019 年以来，为解决小农户生产、经营和增收难题，充分发挥农业领军主体作用，桐乡积极探索小农户"产业组合抱团"发展路径，创新利益联结机制，推动小农户和现代农业发展有机衔接。

一、主体简介

桐乡地处浙北杭嘉湖平原腹地，土壤肥沃，农耕历史悠久，自古就是"鱼米之乡、百花地面"。近年来，桐乡市大力扶持发展规模农业、品牌农业和现代农业，以农业龙头企业、示范性专业合作社为代表的农业领军主体不断发展壮大。截至 2019 年，全市有市级以上农业龙头企业 42 家、示范性专业合作社 20 家、示范性家庭农场 34 家。这些农业领军主体已成为带动全市农业经济发展的一支核心力量。

但与此同时，以小农户为主的家庭经营仍然占据着桐乡农业经营的很大比重，农业产业发展户数多、面积广、人均少的特点依然比较明显。2018 年，全市耕地面积 58.49 万亩，农作物播种面积 76.98 万亩，户籍人口 70.13 万人，农户人口 55.56 万人，农户人口占户籍人口的79.22%；全市有户籍人口 19.18 万户，其中，农户 13.38 万户，农户人均耕地面积 1.05 亩，户均耕地面积 4.38 亩，正所谓"人均不过一亩三分地，户均不过十亩田"。"大国小农"是我国的基本国情，而以小农户为主的家庭经营也是桐乡农业经营的主要形式，小农户数量占农户比例达98% 以上。例如，粮油产业：全市小农户 2.72 万户，占全市粮油产业户数的 98.55%，小农户种植面积为 6.88 万亩，占全市种植面积的

31.25％；蚕桑产业：全市现有养蚕农户4.9万户，其中，年饲养蚕种6张以下的小农户有4.2万户，占养蚕农户的84％；茭白产业：全市小农户种植面积占全市种植面积的50％，户均种植面积3～5亩。

二、主要模式

1. 模式概括 "领军主体＋小农户"的产业组合抱团模式。领军主体起带动作用，将小农户、大户、新型经营主体等不同的主体联结在一起，实现利益共享或互补，形成产业共同体。

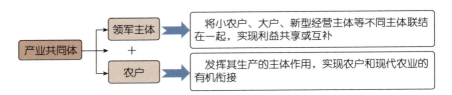

2. 发展策略 桐乡"产业组合抱团"充分发挥领军主体的运用，创新利益联结机制，有效解决了全市小农户规模化发展难以实现、社会化服务难以覆盖、市场变化难以应对等问题，切实推动小农户和现代农业发展的有机衔接，从而带动小农户迈入现代农业发展的轨道。

3. 主要做法

（1）桐乡"产业组合抱团"涌现出了3种模式。一是资源整合的"大米抱团"模式。全省率先探索区域稻米产业抱团模式，让机械化水平高、种植理念先进的粮食领军主体与生产面积小、地域分散的小农户和种植普通稻米的一般农户抱团合作，成立粮油农机发展公司，实施统一标准、统一品牌、统一购销等服务，将单打独斗的小农户抱团闯市场，与小农户形成稳定的利益共同体，破解了稻米产业发展的瓶颈，保障了粮食的有效供给。

二是优势互补的"蚕桑抱团"模式。探索蚕桑互惠互利抱团模式，通过农业龙头企业带动，实施"企业＋合作社＋农户"的订单蚕业生产模式和政策性养蚕保险，对订单协议生产投售的优质茧给予两次补贴，建立上游蚕茧生产与下游蚕茧加工环节风险共担、利益共享的利益联结机制，实现"种、养、收、加"一体化，达到蚕农、合作社、农业龙头企业"三赢"目的。目前，已出台蚕桑全产业链发展、政策性养蚕保险、订单蚕业优质优价收购补贴等方面的文件扶持蚕桑产业抱团发展。

三是风险共担的"茭白抱团"模式。以董家茭白专业合作社为主体，创新"三治＋市场＋技术"抱团模式。依托"三治融合"组织优势和"董家"品牌优势,通过传帮带和典型示范等方式,带动小农户统一质量管控、统一市场销售、统一"董家"品牌。面对市场变化建造茭白保鲜冷库,做到茭白周年供应,逐步打开上海、杭州的茭白市场。同时,建立基地生产形势与市场行情分析预警机制,帮助小农户抵抗市场波动和自然灾害的风险。

(2)桐乡"产业组合抱团"解决了3个问题。一是规模化发展得以实现。桐乡市种植业小农户的区块存在面积小且散乱的特征,多数区块不同作物旱地相间、地势不平,农业生产劳动强度和成本与收益不匹配,基础设施配套欠缺,无法实现设施农业和机械化作业的推广与应用,阻碍了产业规模化发展,造成种植效率和经济效益的低下。产业组合抱团后,小农户在领军主体、合作社的指导下,参与到现代农业发展的进程中,带动小农户"生产得出来""卖得出去""卖得出好价钱",解决小农户一家一户干不了、干不好的事情,提高现代农业的组织化、规模化程度。

二是社会化服务得以覆盖。该市农村劳动力从业人员自身文化素质不高,主观上对农产品经营能力要求低,对现代农业生产技术的更新不敏感,在农业技术推广、病虫害防治、农产品质量监管、农产品销售信息和融资等方面缺乏渠道。而目前的农业社会化服务体系相对滞后,社会化服务水平与农户需求不匹配,阻碍了生产力水平和农产品质量的提升,对比其他现代农业经营主体,生产效率和效益明显落后。"企业＋合作社＋小农户"的模式,注重加强农业社会化服务体系建设,引导企业、领军主体与农户建立风险共担、利益共享的联结机制,强化农技、农机推广体系,完善机构,配强人员,通过培训和指导发展农业社会化服务,推广新品种、新技术、新模式,提升农业发展和社会化服务水平。

三是市场变化得以应对。小农户天生弱势,农产品的生产与销售存在信息不对称,农业生产的惯性思维决定了其生产行为的盲目性和跟风性。其提供的农产品与市场的需求不匹配,无法灵活应对农产品市场变化,总体抗风险能力差。在价格空间,家庭农场、种养大户、农业企业等新型农业主体的产品一定程度上挤压小农户生存空间,小农户与这些新型经营主体相比不具有竞争优势,生存环境艰难。"产业组合抱团"模式坚持以市场为导向,以龙头企业为载体,动员各方面的资源,依靠科技形成竞争优势。以"蚕桑抱团"为例,针对蚕茧质量下降、蚕农种养收益低、养蚕风险大等问题,通过龙头企业华锋丝业带动,实施"企业＋合作社＋农户"的订单蚕业生产模式和政策性养蚕保险。依靠龙头企业,运用好大数据平台,科学研判市场趋势和需求,实现"以销定产",帮助小农户应对市场变化,实现丰产又丰收。

（3）桐乡"产业组合抱团"3个经验分享。在横向维度上，注重不同产业间的拓展运用。前期着力推动稻米、蚕桑、茭白3个产业的抱团。接下来，要在总结经验的基础上，进一步将"产业组合抱团"模式延伸到杭白菊、水果、蔬菜、畜牧等更多产业，切实推动小农户和现代农业发展的有机衔接。

在纵向维度上，突出产业链的紧密联结。产业抱团，不仅要延伸产业链、拓展价值链，打通一二三产业融合发展的通道，还要提升联结的紧密度。通过"三治融合"的深化运用，把松散的、形式的联结变为紧密的、结构化的抱团联结，形成"企业化经营、合作社生产、小农户得益"的产业组合抱团发展模式。

在中心维度上，关键抓好领军主体的培育。着力加强农业龙头企业、示范性专业合作社、家庭农场、农业领军人物等领军主体的培育，进一步加大领军主体的政策扶持力度，不断壮大领军主体队伍和实力，不断增强对小农户的带动能力，更好地发挥领军主体带动小农户的乘数效应，以抓少数的领军主体来撬动绝大多数小农户的发展，达到致富增收、共享乡村振兴成果的目的。

三、利益联结机制

1. 引导小农户开展合作与联合　"茭白抱团"模式是引导小农户联户经营、联耕联种，以组建合作社的方式联合开展生产，共同购置农机、农资，接受统耕统收、统防统治、统销统结等服务，降低生产经营成本。通过合作社利用土地资源、整合涉农项目资金、提供社会化服务等，引领带动小农户发展现代农业。开创"董家茭白"品牌，共同对接市场，提升市场竞争能力。

2. 引导合作社与小农户联合　"大米抱团"模式是引导合作社与合作社、合作社与农户联结。以种植规模较大、经营状况良好的种粮主体为引领，以合作互利、资源共享为原则，对种粮小户、大户、合作社等进行整村、跨村、跨镇兼并重组，通过化零为整壮大实力，为粮食生产融合化发展、企业化经营奠定基础。围绕催芽、育秧、植保、收割、烘干、加工、销售等，在全产业链经营中降本增效。在粮食加工方面，统筹考虑配套半径、产能规模等因素，积极探索高附加值大米精深加工产品的生产。在粮食营销方面，积极探索订单销售与渠道销售相结合、线上与线下相结合。

3. 引导企业与合作社和农户联合　"蚕桑抱团"模式实施"企业＋合作社＋农户"的订单蚕业生产模式，达到"种、养、收、加"一体化。通过生产扶持、技术扶持和资金扶持，实施小蚕统一工厂化饲育、大蚕统一标准技术、蚕茧优质优价收购，确保蚕茧的质量，使蚕农、合作社、农业龙头企业提高收益，实现"三赢"。通过优质蚕茧奖励、二次返利等奖励机制，带动小农户共同发展延长产业链、保障供应链、完善利益链，将小农户纳入现代农业产业体系，与小农户形成稳定的利益共同体。

四、主要成效

1. **经济效益** "大米抱团"模式中，石门镇着力打造万亩优质稻米生产基地，统一销售"石门湾"品牌大米，2019 年，辐射带动农户 8 000 余户，覆盖石门 9 个村 1.3 万亩农田，预计带动农民增收 150 万元以上。"蚕桑抱团"模式中，东池村 2019 年春蚕期生产优质茧产量 15 358 千克，收购价平均为 2 100 元/担，产值 64.5 万元，比普通茧价提高 16.80%。"茭白抱团"模式中董家茭白总产量 30 万吨，农户亩产收入达 12 000 元以上，年利用秸秆 6.4 万吨，联结农户 2 800 余户，带动增收 1.12 亿元。

2. **社会效益** 通过"产业组合抱团"建立利益联结机制，提升了小农户发展能力，提升了小农户组织化程度，拓展了小农户增收空间，健全了面向小农户社会化服务体系，极大地调动农民积极性。3 种模式带动农户约 12 000 户。

结合"大走访、大宣讲、大解放"三大活动，制定了"十百千"专项活动，重点打造乡村振兴 10 个样板乡村（包含"蚕桑抱团"的东池村，侧重蚕桑全产业链经济），以点带面促进乡村全面振兴。

例如，"大米抱团"模式，小农户与大户联合成立桐乡市石门湾粮油农机发展有限公司，实现万亩水稻生产抱团发展。该模式将整合现有资源，通过革新技术、创新经营等措施，提高大米质量，统一销售"石门湾"品牌大米。不仅提高粮食收益，改变小农户零散发展的弱势局面，也保证了粮食安全。

3. **生态效益** 集成推广"全环节"绿色高质高效技术模式，集成整地、种养、管理、收获等各环节绿色节本高效技术，全面推行绿色生产方式，扩大推广肥药减施增效、科学高效施用等综合技术模式。目前，农业废弃包装物与废弃农膜回收率、处理率达到 95% 以上，畜禽排泄物资源化利用率 98% 以上，秸秆综合利用率达到 96% 以上；深入推进农艺农机融合，加快"机器换人"和全程机械化，其中，粮食生产耕种收综合机械化水平 83.9%，主要粮食作物机收率达 99%，桑叶采收能力提高了 2～3 倍，实现了农业产业农机化水平整体性和素质性的提升。

例如，传统的农户在制茧丝过程中产生的废水随意排放，实行"蚕桑抱团"模式后，统一由领军主体加工制成茧丝，统一进行废水等生态处理，避免了小企业的环境污染。

五、启示

总结以上 3 种改革创新模式，有 3 点启发：

1. **要充分发挥领军主体的作用**　"产业组合抱团"模式突破了原有"公司＋农户"的范畴，其核心是发挥领军主体的作用，由领军主体带动小农户增收，带动能力更强、联结更紧密、成效更明显。可以说，没有领军企业或领军人才的带动，产业抱团就会流于形式，变成一种松散的结合，难以产生 1＋1＞2 的效果。

2. **要善于做"三治＋"文章**　三治融合是桐乡首创的法宝，不仅可以在基本治理中起作用，也可以在乡村振兴、美丽乡村建设中得到运用，还可以将之运用到新型农业经营主体、小农户的抱团组合中，建立起良好的互动互通机制。因此，要善于做"三治＋"文章，让农业产业抱团更加健康、农户参与更加广泛。

3. **要注重小农户的核心关切**　搞现代农业，不能让小农户掉队，要防止搞强制的土地流转，防止将土地等生产资料集中到少数人的手中，对广大小农户实行硬挤出，这样就会影响到他们的就业和生计。因此，在实施"产业组合抱团"改革过程中，既要考虑产业的发展，更要注重小农户的核心利益，让小农户在产业组合抱团中有增收、得实惠，切实提高广大农户的幸福感和获得感。

浙江永康：联农蚕桑专业合作社

导语： 1998年，成立于50年代的永康市土特产公司已经小有名气，集蚕桑的收购、生产、销售、研发与服务于一体。但是，从外地收购的蚕茧品质时好时坏，且价格波动大，企业发展受到严重阻碍。而在永康市的东南一角，一群种桑养蚕户每天奔波在田间地头，但因为种植技术落后、市场信息闭塞，收入并不理想，一年下来还不如外出务工挣钱。随着外出打工的人增加，只剩一些老弱病残依旧坚守。同年，舟山镇的几个年轻人尝试沟通连接土特产公司和种桑养蚕户，改变永康市蚕桑产业发展的困局。双方代表正式会晤，思想一拍即合，立即达成生产收购协议，"少了中间商赚差价"，舟山镇成为土特产公司的后方基地，"抱团发展"观念雏形诞生。几年后，随着发展的需要，联农蚕桑专业合作社应运而生。它承载着农户培训、技术更新、产品引进、市场调研等多方面的使命，也直接为永康市"企业＋合作社＋基地＋农户"的创新模式奠定了坚实的基础。

一、主体简介

联农蚕桑专业合作社成立于2002年10月，注册资金50万元，注册商标"永强"，现有桑园8 000多亩，社员416户，主要分布在舟山镇、方岩镇、西溪镇等地。其中，舟山镇属永康市饮用水源保护区范围，农业基础条件好、污染源少、生态环境优良，成为永康市最核心的蚕桑主导产业示范区，现有桑园3 800多亩，很多农民具有养蚕、生产优质蚕茧的技术和经验，蚕桑生产也成为当地农户增收的主要途径。

合作社以"服务社员、发展壮大蚕桑产业"为原则，为蚕农提供蚕桑产前、产中、产后服务，积极开展物资配送、技术辅导、新技术和新机具推广、信息服务、产品购销和加工等业务，创新"龙头企业＋合作社＋基地＋农户"模式，统一销售干茧占全部社员产品比例的100%；按照生产标准和规范组织生产和加工，标准化生产的蚕茧产量占总产量的90%；统一为社员和农户组织桑苗、蚕药和方格蔟等蚕用物资占统一农业投入品平均量的90%以上。

合作社以永康市土特产公司为依托，紧抓机遇积极开展蚕桑生产各项工作，全力推动蚕桑产业向持续、优良、高效的方向发展，拥有先进的全自动热风循环烘茧机，配有智能评茧仪、电子磅秤、水分测定仪等先进设备，办公场地 200 平方米和现代化的收烘场所、仓库 5 000 多平方米。合作社先后获得国家农民合作社示范社、浙江省百强农民专业合作社、省示范性农民专业合作社、金华市示范性农民专业合作社、金华市十佳农民专业合作社、金华市三星级农民专业合作社等荣誉称号。永康市土特产公司也因为这种模式，实力不断壮大，先后成为永康市级、金华市级龙头企业。

二、主要模式

1. 模式概括 "龙头企业＋合作社＋基地＋农户"模式经过不断的摸索创新，模式日趋成熟。龙头企业负责蚕桑产品研发、销售等，合作社负责技术更新、品种引进、知识培训等，农户负责基地产品保障，大家各司其职，分工明确。实践不断赋予这种模式新内涵、新特质、新内容、新活力，培训农民、技术服务、产销对接、利益联结等提供了组织保证和有效实现形式，为永康市蚕桑产业的发展提供了持久动力。

2. 发展策略 大鹏之动，非一羽之轻；骐骥之速，非一足之力。"龙头企业＋合作社＋基地＋农户"模式发展策略就在于互通有无、利益共享、形成合力，同时注重经济效益和生态效益并举，实现长足发展。

3. 主要做法

（1）健全管理制度，实现规范化运作。根据《中华人民共和国农民专业合作社法》及有关法律法规，结合实际制定合作社章程。合作社各种档案管理标准规范，社员产品交易记录详细，会计资料完整，会计账目健全，记账及时规范，核算准确，拥有明晰的财产权利关系、民主的组织管理体制、健全的经营技术培训服务体系和规范的二次分配制度，建有按交易额和股金额相结合的二次分配办法。同时，合作社订有长期发展规划，定期向农业部门报送报表。按《章程》规定定期召开社员代表大会、理事会和监事会议，向社员公布工作及财务情况，参加主管部门和其他部门组织的各种培训和会议。

（2）优化统一服务，夯实产业基础。为进一步促进永康市蚕桑产业发展，增加桑叶产量，提高蚕茧品质，合作社实行了"六统一"服务。一是统一生产标准，合作社根据本地实际，制定了《永强牌桑蚕鲜茧生产技术产品质量标准》，要求社员按标准进行生产；二是统一技术培训和服务，连续多年聘请浙江省农业科学院和浙江大学的蚕桑专家，定期为社员及周边蚕农授课和进行技术指导，在生产期间开展下乡辅导；三是统一组织桑苗，为社员引进农桑 14、强桑 1 号系列等优质高产的桑苗，保证了桑叶品质；四是统一蚕用物资供应，为社员统一购买蚕药、方格蔟等蚕用物资，并以厂价供应，免费送到户；五是统一病虫害防治，建立病虫害观测点，为社员开展病虫害防治；六是统一收购，在重点产茧区设立收购点，以方便社员售茧，实行运费补贴政策，根据饲养情况，延长收购时间，减少售茧成本。通过统一服务，社员生产的鲜茧品质得到提升，劳动力成本减少，有效地促进了社员增收。

（3）打造核心基地，筑牢生产防线。为满足蚕桑主导产业示范区生产需要，建立了三大中心、五大基地。

三大中心分别是：

蚕桑生产综合服务中心：提供蚕农需要的蚕药、桑药、蔟具、新机具等各类蚕用物资；开展蚕桑病虫害统一防治，桑园病虫害防治以村为单位，由合作社组织农户进行统一防治，在每批蚕养蚕前和售茧后，统一组织蚕农进行蚕室和周围环境消毒。

收烘中心：建设收购钢棚及生产堆场，购置热风循环烘茧机及相关配套收烘设备，承担舟山镇蚕桑主导产业示范区的鲜茧收购及烘干处理，方便示范区蚕农投售蚕茧。

蚕桑副产品处理中心：购置桑枝条粉碎设备；建设蚕沙处理场；在主导产业示范区开展蚕桑副产品（蚕沙、桑枝条）收购、开发、处理、加工，实现蚕桑生产-桑枝条利用-食用菌栽培-有机肥田-产品的农业大循环。

五大基地分别为铜山标准化生产基地、古竹畈蚕桑循环生产基地、碧湍里蚕桑良种示范基地、马关蚕桑综合开发示范基地、道坦新品种新技术展示示范基地。

基地分别以养蚕专业村、大户为基础，实行"合作社＋基地＋农户"集约化经营管理模式，从产前、产中到产后统一进行技术指导和服务。每个基地都有其侧重点，如道坦新品种新技术展示示范基地，是一个集桑树新品种聚集示范、机械化养蚕操作、蚕桑副产品综合循环利用于一体的综合性展示基地。基地内种植有"强桑1号""育711"等8个桑树新优品种，桑园内配备有太阳能杀虫灯、喷灌设备；基地采用机械养蚕，配套移动蚕房、养蚕大棚、小蚕加温补湿器、切桑机、省力化蚕台、电动伐条机等系列机械养蚕新设备。碧湍里蚕桑良种示范基地有桑园300亩，全部采用产叶量高、抗逆性强的"农桑14""强桑1号"边片种植，基地内有小蚕共育室400平方米，大蚕饲养大棚1 000多平方米，配套有太阳能杀虫灯、频振式杀虫灯、中耕机、电动发条机等实用机具，蚕房配套空调、小蚕加温器、电动消毒机、切桑机等设备。基地年可饲养蚕种800张，产茧

32 吨。

（4）**科技引领创新，成果转化效益。** 2013—2017 年，基地建立了家蚕人工饲料育示范点，承担了浙江大学永康市蚕桑产业科技特派员团队项目"蚕桑产业提升及其资源高值化的技术集成与示范"的子项目"永康市蚕茧质量提高的示范基地建设"。通过家蚕人工饲料育试验示范，基地打破了传统家蚕自然饲养的限制，促使蚕业生产可持续发展。在人工饲料、饲育环境、饲育技术、病理、生理等方面展开探索，为家蚕人工饲料育规模化推广应用提供了有力的数据支撑。

2016 年 8 月至 2018 年 8 月，基地建立了彩色茧与果桑生产技术示范推广示范点，承担浙江省蚕桑产业技术团队项目"彩色茧与果桑生产技术示范推广"，进行彩色茧新品种"金秋×初日"大蚕条桑育等省力化养蚕技术、应用方格蔟提高茧质配套技术等生产技术熟化与示范，提高茧质、提高效益。该品种在 2017 年获得主要农作物品种审定证书，也是全国第一个进入推广阶段的实用型彩色蚕茧品种。通过多年试养、观察、总结，现已全面推开，目前由该品种制成的高档蚕丝被"黄金富贵"在市场上供不应求。2018 年 5 月，浙江省彩色茧品种成果发布暨示范推广现场会在永康市召开，浙江省科学技术厅、农业农村厅种植业和种业管理处有关负责人，农业新品种选育重大科技专项蚕桑专题课题负责人及有关专家，有关县市区推广部门、蚕种生产企业、蚕桑专业合作社及茧丝绸企业的代表纷纷聚集永康，一时间，永康蚕桑产业享誉省内外。

（5）**推广养蚕新设施，提高鲜茧品质。** 为全面提升蚕茧质量，合作社根据本地实际制定了《永强牌桑蚕鲜茧生产技术产品质量标准》。通过标准化生产管理、收烘、经营管理，蚕茧上车率达到了 94% 以上，化蛹率达到了 95%，解舒率达 73% 以上，洁净率达到 94.5% 以上，指标达到 AAAAAA 级的生丝原料标准。从 2012 年起，合作社对全市社员养蚕用方格蔟进行了免费更换（共计 13.6 万片，金额 25 万多元）。同时，采取合作社和社员各出一半资金的方式，推广小蚕温湿自动控制器和桑园伐条机各 200 多台（共计金额 24 万多元）。以上措施使永康市蚕茧质量进一步得到提高，蚕农得到了实惠，合作社社员同季节生产的蚕茧与一般蚕农的相比，每千克鲜蚕茧销售价格高出 2 元，有效地促进了社员增收。

（6）**建立保障体系，开展项目建设。** 为抵御市场风险，保护桑农生产积极性，合作社抓住政府建立杨溪水源保护区之机，与永康市政府共同出资 100 万元设立蚕桑风险基金，建立蚕茧保护价收购制度。合作社每年与社员签订订单合同，保证收购，此举大大降低了社员的生产风险。为了加强合作社自身发展，减少蚕农养蚕风险和蚕农劳动力投入，合作社争取了国家、省、市等产业专项资金，先后开展了"小蚕共育室示范点建设""干茧茧处理、开发优质工程""合作社服务中心建设""水源保护区优质蚕桑生产基地建设"等项目建设。根据社员需求，2014年合作社又专门成立了蚕种室，配备相关仪器设备，为社员开展蚕种领域服务，改变以前由中心户上门领取蚕种的情况，改由合作社送上门，真正实现了合作社服务社员的职能，获得了众多社员的一致肯定。项目的实施对发展永康市蚕桑产业、提高蚕茧质量、增加社员收入和合作社效益起了明显的作用。

（7）实施品牌经营，推行标准生产。为进一步推动自主品牌建设，2007年合作社注册了"永强"桑蚕茧商标。通过品牌销售开展广告宣传和参与市场竞争，扩大合作社的影响力，并为今后的发展带来新的机遇和空间。合作社与市土特产公司联合开发的丽州牌蚕丝被在2011年被评为金华名牌农产品。合作社还制定了关于蚕桑生产技术的标准，其中参与起草的《彩色蚕茧生产技术规程》通过金华市地方标准规范审定。

（8）开发蚕桑综合利用，实现生态与产业双赢。通过整合蚕业资源，充分利用副产物，将蚕沙、桑条、桑叶等副产物最大化和合理化开发利用，开发出了蚕丝被、桑果酒、桑叶茶等产品，延伸了蚕桑产业链条，增强了合作社抵御市场风险和产业风险能力。合作社通过建立蚕桑综合利用示范点，带动全市一大批蚕农开展了以"桑园饲养家禽、桑园间作套种"等不同的养蚕效益模式，促使蚕农增收，提高了蚕农种桑养蚕的信心。

在发展蚕桑生产的同时，合作社对水源保护区内的蚕沙、桑枝等废弃物（对环境有一定的污染）进行了尝试收购，经过处理的蚕沙及桑枝条，可开发为蚕沙枕、蚕沙有机肥、蚕沙有机饲料、桑枝条食用菌等产品。鉴于每年全市蚕农把桑园修剪下的桑枝条丢弃田头腐烂的现状，合作社大胆创新，与永康市食用菌研究所、永康市"三农"菌业专业合作社合作，在舟山镇马关村推行桑园套种大球盖菇的新型栽培模式，仅此一项可使社员户均增收4 000元以上，实现了"蚕桑生产-枝条利用-食用菌栽培基料-有机肥田"农业大循环，既提高了蚕农的收入和土地产出率，也提高了合作社的经济效益，又有效地保护了生态环境。

（9）定期举办培训，提高科学种养能力。在市农业部门的支持下，合作社购置了投影仪、音箱等多媒体设备和会议用桌，成立了培训中心，每年聘请省农科院和浙江大学的蚕桑专家，定期为合作社社员及周边蚕农授课和技术指导。同时，合作社根据各个生产阶段及时做好技术培训和生产技术信息发布。仅2018年就举办培训班7次，培训农户3 500多人次。由于合作社组织有序得力，社员参加培训积极性高涨。有效的培训和及时的发布信息，规范了社员的生产行为，使社员养蚕心中有数、敢于投入，增加了产量，保证了质量，合作社收茧心里也踏实，确保了永康蚕桑业的健康稳定发展。

（10）加大宣传力度，及时传递信息。合作社是传递政策信息的有效平台，为确保来之不易的桑园面积，使蚕农少毁桑、少抛荒，一方面向蚕农多做宣传工作，另一方面充分利用现代信息网络，把掌握的全国茧丝行业的信息动态和市政府对蚕桑产业方面的优越政策在第一时间准确地向蚕农反馈，做到蚕农养蚕心中有数，企业收茧心中踏实，以确保永康市蚕桑业的健康稳定发展。

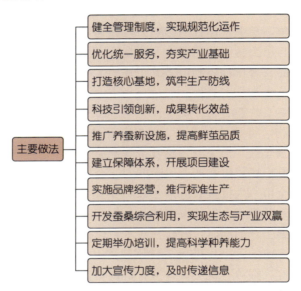

主要做法
- 健全管理制度，实现规范化运作
- 优化统一服务，夯实产业基础
- 打造核心基地，筑牢生产防线
- 科技引领创新，成果转化效益
- 推广养蚕新设施，提高鲜茧品质
- 建立保障体系，开展项目建设
- 实施品牌经营，推行标准生产
- 开发蚕桑综合利用，实现生态与产业双赢
- 定期举办培训，提高科学种养能力
- 加大宣传力度，及时传递信息

三、利益联结机制

乡村振兴的出发点和落脚点都是"生活富裕"。"龙头企业＋合作社＋基地＋农户"的模式之所以能经过多年发展经久不衰：一是有公平合理的保障机制。模式中农户处于弱势地位，但企业与合作社通过蚕桑风险基金、蚕茧保护价收购、固定分红等制度充分保护农民利益，让农户能够安心投入生产。二是互通有无的发展环境。政府、企业、合作社、桑农等多方都各自扮演好独特的角色，政府政策支持，企业龙头带动，合作社统筹协调，桑农专注生产，相互做到不缺位、不越位，形成强大共识和合力，共同推动蚕桑产业的现代化进程。

四、主要成效

1. 经济效益　2018 年，土特产公司年销售额 4 000 多万，并逐步完成传统企业到电商企业的转型。永康市联农蚕桑专业合作社经营收入达到2 473.02万元，盈余总额163.78万元，农户人均收入从2002年的不足500元，到2019年实现人均5万余元。

2. 社会效益 蚕桑成为永康市主导产业之一，共同开发的丽州牌蚕丝被、颈椎枕、宝宝枕、真丝套件等系列产品，先后获得了"金华市名牌""浙江省农博会金奖""华东农交会金奖"等荣誉称号。2016年引进的家蚕人工饲料育、彩色茧饲养、超细三眠蚕饲养试验取得成功，不仅带动农户致富增收，还将蚕桑作为永康的"金名片"传给全国各地。

3. 生态效益 舟山镇位于永康市的水源保护区，蚕桑作为水源保护区的主导产业，承载着意义非凡的生态效益使命。位于舟山的蚕桑新产品技术示范基地，通过桑条粉碎、蚕沙有机肥发酵处理等技术以及套种、轮作等模式的不断引进和创新，化肥农药使用量逐年降低，商品有机肥推广力度不断增强，生态效益得到保障，成为践行"两山理论"的模范。

五、启示

一个模式成就一个产业，靠的不是一成不变的模式，而是与时俱进的观念、日新月异的创新、共同进退的决心、荣辱与共的信任。回顾过去，发展之路并没有一帆风顺，展望未来，国内外经济环境不稳定和不确定因素依然存在。只要坚持不忘初心、牢记使命、砥砺前行，一定能够开创永康市蚕桑生产新局面。

1. 坚定初心，做大做强蚕桑产业 发展农业要有情怀，但不能仅仅依靠情怀。合作社从最初的零零散散到现在的团结一致，需要带头人的辛勤耕耘，需要社员的理解信任，更需要政府的支持鼓励。发展期间合作社始终围绕着种桑养蚕，并将蚕桑作为合作社始终奋斗的使命，立志在这个行业做到"人无我有，人有我优"。

2. 牢记使命，带领村民脱贫致富 一人富不是真的富，只有带领群众百姓一起富才是真的富。随着合作社不断壮大，相应的社会职能也随之而来，担当实干，勇立潮头，户均收入从500元到5万元。合作社体现的是担当实干，赢得的是群众信任。

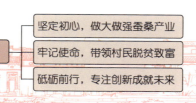

3. **砥砺前行，专注创新成就未来**　合作社从成立至今，经历了两次重要的技术革命。2012 年推行方格蔟养蚕、省力化养蚕技术；2017 年，创新推广天然彩色茧"金秋×初日"品种，都取得了巨大的成功。在前行路上，要不断打破自我固有的观念体系，做到与时俱进，才能不断在行业处于领先水平。

山东烟台：田家四姐妹联农带农计划

　　导语：2015年5月，田家四个亲姐妹纷纷辞掉北京、上海的工作，回到家乡山东蓬莱仙岛创业。这是一个有故事的地方，更是一个有着丰富农产品的地方。四姐妹决定帮助老乡卖苹果，建立品牌，做了品牌定位，设计了产品包装，制定了包装标准。苹果一经互联网传播，便卖到了央视、卖到了台湾中天电视台。四姐妹发现，原来当初老乡让自己把村里的水果带到大城市是对的。因为村民对互联网完全不了解，四姐妹回乡创业，就是用互联网这个工具与外界进行连接。农村并不是没有好产品，而是好产品没有人知道，有人知道也找不到、看不到。而互联网正是连接万物的大门，通过互联网外界可以了解产品故事、了解品牌、了解乡亲们的种植过程，更能够时刻找到四姐妹。田家四姐妹就这样慢慢打开了平台和渠道的大门，开始建立农产品的品质标准，开始从4个亲姐妹发展到拥有几十人、几百人共同协作的大团队。

一、主体简介

　　田家四姐妹2015年创建的田＋网，也就是现在的烟台市田＋电子商务股份有限公司，注册资本1 100万。公司整合了山东省17个地级市的农产品资源，但 2018 年出口的几个国家都未开放市场，洋葱、梨等多种农产品滞销。于是田家四姐妹第一时间对接渠道平台，洋葱日销 1.2 万单。冬枣因雨天影响，商户拒收，四姐妹做活动 8 个小时销售 10 万单。这些让很多果农认识到真正做事情的田家四姐妹。四姐妹被越来越多的平台介绍成为有品质的品牌供应商，有着 365 天不打烊的发货记录。田家四姐妹从来没有把自己定义成线上线下，唯一定位的是一份责任，一份推动农业、回报父老乡亲的责任。

　　"四做三整"，出标准。四姐妹做农田和外界的连接器，发挥自己最大的优势，做出田家的品质标准，将农业标准化。"四做"即发挥自身的品牌优势，做传播、做连接、做品牌、做标准。"三整"即整合各地区的优势资源、整合消费需求、整合物流服务，让农业这个接力式的产业链可以正常运转，能够循环造血，最终做到品牌农业，根据各自的产品属性进行复制，做真正能扎根的农业。

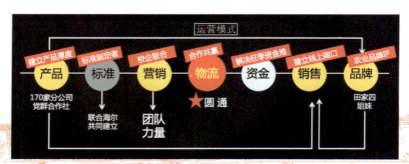

二、主要模式

1. 创建特色的"人无我有，人有我优"产品　当《致富经》记者在四姐妹基地可以随便一挖就能挖出一锹蚯蚓的时候，四姐妹的信心倍添。基地不但倡导霜降后采摘苹果，还倡导古法种植，结合豆饼、玉米面发酵喂树，让苹果具备好口感。各种零残留报告，也给消费者增强了信心。只有良心不会骗人，要做就做最好的，四姐妹创新并开启了苹果的按需种植，例如，一箱苹果装三个品种，打造"三拼组合"；在苹果上印字；种植"金标"苹果。果园成了"停车场"或"游乐园"，奥迪、雪佛兰等车标和迪士尼等动漫人物都展现在一颗颗苹果上。高端苹果和大众苹果用包装做区分，按照消费需求进行定制发货。

2. 打造产地联农带农平台，借助资源优势扩大吸收　从一颗苹果，四姐妹意识到农产品需要综合需求叠加，把苹果的标准复制到其他农产品上，让每个产品各有特色，制定标准成了四姐妹整合的目标。四姐妹联合蓬莱市供销合作社联合社，整合40多家党群合作社，开拓了联农带农模式，搭建了联农带动平台助力农业的发展，整合农户资源，利用供销社的资源优势，聚合农产品资源，和平台深度对接，打好双边战。

4个人的力量是有限的，需要开发更多的资源、整合更多的力量来进行推广销售。四姐妹开启了村播达人账号，带着农户进行直播，让农户讲如何种植，邀请政府领导来站台，支持新农业创新发展。田家四姐妹的传播模式开始形成，强大的包装运营团队发挥了巨大的作用。只有不停地设计包装，才能让每一个农产品都有故事、有内容，成为活品牌。阿里巴巴更是给了四姐妹很大的支持和帮助，流量的汇入给了四姐妹更大的支持。

四姐妹的产业从单一的苹果产业开始向多品类发展，现在已经从水果类目发展到蔬菜、海鲜、酒类、食品等多个类目。更多产品的加入，已经从原有的B2B到B2C，再到C2B。按照消费需求来定制产品，增加服务，组建农民主播孵化基地，带动更多农户推广自己的农产品，把控品质和物流品牌包装等重要环节，利用各自优势进行模式创新。

带动和鼓励农户进行村播，把直播搬到田间地头、搬到包装场地、搬到农户家里，更多地接近大自然，让农民自己介绍自己的产品，让消费者看到整个农产品的采摘过程、发货过程，甚至是分拣流程，形成真正意义上的"农民种农民播"，按照消费者的要求发货种植，自然形成了按需种植，不断挖掘更多的需求。

田家四姐妹打造联农带农平台就是要进行一次真正意义的资源整合，整合更多的山东资源，打造农产品品质，推进标准建立，让更多的农产品走向全国市场。

3. **做数据农业，真正按需种植** 利用互联网做信息连接，增加农户的信息量，让家乡农户得到外界产地的农业信息。农业技术创新很重要，但是数据也是农业的一个重要部分，真正的扶贫是引导百姓创新，种出好产品，提升品质，与消费需求做有效对接。四姐妹成功带动几个重点扶贫村进行产品推广，同时也被山东省评为"烟台市最美扶贫人"，帮助数千家果农销售农产品。

4. **带动农户增收、增产、增关注** 多渠道建立连接。田家四姐妹利用各平台、各渠道进行宣传。现在已经进行渠道分级，并把各渠道的需求进行分类，对接相应的基地农户。农户已经开始自主联系四姐妹，随时告知农产品信息，同时加入田家四姐妹成立的合作社。目前，合作社已经有3万多社员参与，整合土地近20万亩，带动社员包装、加工农产品，已经有固定农户进行打包发货，解决了农村剩余劳动力近千人。田家四姐妹希望能够通过对品牌品质的管控，为农户创造更大的价值，能够真正做到带动农户发展，不喊口号，让农户全程参与了解并且引领实操。

深加工增加产品的附加值。通过渠道供货数据，推广产品，决定下一个爆品以及扶持哪些产品、主推什么产品、哪些是引爆产品、哪些是利润款产品、哪些是常规产品。同时，开发新产品，新产品增加了田家四姐妹的产品线。苹果酒、苹果酱、苹果面膜、苹果蛋挞、苹果干、苹果粒等苹果衍生品，丰富了苹果的产品线，主抓苹果产品进行深耕，横向扩展各地优势产品进行稳步扩充。在丰富产品线的同时，品牌的产品也逐渐开始清晰化。

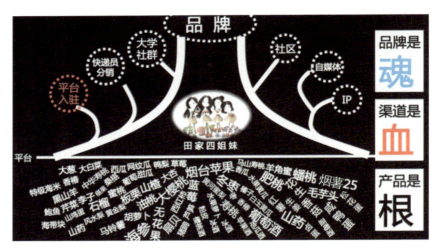

　　5. 农业里的特种独立团　田家四姐妹通过互联网营销推广，打造特色农产品品牌，带动旅游产业及边缘产业的发展，汇聚流量，创设特色平台。"田＋网"拥有雄厚的资源优势，2 000 亩富硒基地、1 500 亩苹果基地、600 亩优质樱桃及蓝莓等基地、千名营养师资源、完善的品管体系以及优质的客户群造就了一支独特的返乡创业团队。由原来的田家四姐妹团队，扩充到几十个人的田家姐妹团队，其中，也加入了很多男同事，让团队的流程、制度、管理标准也不断规范。团队是企业的生存之本，设立的优秀员工奖励，也让大家更有干劲、更有力量。

三、启示

农产品是一列较长的"高铁列车"，各地有很多高质量的新奇农产品，但缺少传播和对接渠道。田家四姐妹渐渐地形成了一个农业自媒体，四姐妹本身也成为农业的一支品牌IP，有效地利用互联网的优势进行传播。接下来面临数据的考验，也是大农业整合的考验。如何能够把山东省以外的农产品汇聚，打造属于田家特有的农业模式，形成一个自由的湖面，拥有自己的鱼群，进行运营和培养。农产品需要培养，要学会讲农产品的故事，每一个产品都好比一个活生生的人，都有其可以讲述的故事，要抓住每一个机会进行传播推广、转化销售；要学会看售后数据，用消费者的反馈和建议做新农业，一起开拓新的农业大路。

要想做好农业，就要秉承"打铁还需自身硬"的道理。农户端、企业端、消费数据端、平台端都要踏踏实实地修炼自己内功，才能完美接力，形成一个农业的长板木桶。农户把田种好，把产品管理好；企业要把团队管理好，把消费端培养好；平台用良性的竞争留住用户；只有四力合一才能形成黏性，缺一不可。

随着5G的推进，直播、短视频让消费者对农产品的了解越来越多，对农业的关注和需求也越来越大，全民都离不开农产品。接下来，农业竞争也日益增加，来自全国乃至全世界的竞争压力会越来越大，也会非常激烈。如何打造具备区域特色的农产品品牌，是需要新老农人共同融合出的新物种发芽生根，取代或者叠加到传统农业上来，让农业能够老树发新芽，取得优异的成绩。

四姐妹对未来新农业还是充满期待的，未来智慧农业互联互通，对运营的考验是很大的挑战。在返乡创业的4年过程中，四姐妹看到了农业的希望，更看到了农业的发展历程。通过一带一路全球数据的打通，中国农业的未来还是一个很可观的转折，能够感受到农业要想做好，要先做良心，必须先稳抓安全农业，下一步才能进入市场流通。农业的考验是标准化的考验，标准定好了，才能进入农业的工业化之路，才能进入农业品牌化的发展之路。

重庆涪陵：洪丽食品有限责任公司

导语："小康不小康，关键看老乡。"随着全面建成小康社会进入决胜阶段，"农民如何富起来"成为全局工作的靶心。党的十九大明确提出实施乡村振兴战略，把解决好"三农"问题作为全党工作重中之重，坚持农业农村优先发展，按照产业兴旺、生态宜居、乡风文明、治理有效、生活富裕的总要求，统筹推进农村经济建设、政治建设、文化建设、社会建设、生态文明建设和党的建设，走中国特色社会主义乡村振兴道路，让农业成为有奔头的产业，让农民成为有吸引力的职业，让农村成为安居乐业的美丽家园。重庆市涪陵区洪丽食品有限责任公司探索出的以"三变"改革为突破口，实现"公司＋合作社＋农户"全产业链抱团发展的农业产业化模式，打造出了产业振兴带动乡村振兴的典范。

一、主体简介

洪丽食品有限责任公司成立于 2004 年，专业生产销售榨菜、酱菜、泡菜等食品，位于涪陵区南沱镇现代农业园区。该公司占地 33 000 平方米，建设了 15 000 平方米现代化标准厂房，有全自动、智能化生产线 3 条，年生产能力 3 万吨，年产值可达 3 亿元。公司是涪陵区农业产业化 10 强龙头企业，重庆市农业产业化 30 强龙头企业，与利益联结榨菜合作社合作建设了 5 000 亩榨菜种植基地。公司持续通过了 ISO 9001—2008 质量管理体系认证，持续保持有机食品认证。"餐餐想"榨菜荣获"国际农产品交易会金奖""重庆市名牌农产品"；"餐餐想"商标获评"重庆市著名商标"和"中国驰名商标"。公司销售网络健全完善，产品行销全国各地。

2006 年，由洪丽食品有限责任公司发起组建了洪丽鲜榨菜股份合作社，先后获得了"涪陵区示范农民专业合作社""重庆市农村合作经济组织先进示范社""全国供销合作社系统先进集体""全国农民专业合作社示范社""全国农民合作社加工示范单位"等荣誉称号。

2018 年，为响应重庆市"三变"改革号召，洪丽食品有限责任公司、涪陵洪丽鲜榨菜合作社、涪陵区南沱镇治坪村民委员会、治坪村农户合作成立了"重庆市涪陵区风向保榨菜股份合作社"，承担重庆市"三变"改革试点示范任务。

二、主要模式

1. 模式概括 通过以"资源变资产、资金变股金、农民变股东"为核心的"三变"改革，促进一二三产业融合发展，推动"一产种植＋二产加工销售＋三产旅游"，实现"公司＋合作社＋农户"全产业链抱团发展农业产业化模式。

> 以"资源变资产、资金变股金、农民变股东"为核心的"三变"改革
>
> 促进一二三产业融合发展，推动"一产种植＋二产加工销售＋三产旅游"
>
> 实现"公司＋合作社＋农户"全产业链抱团发展农业产业化模式

该模式有效激发了农村资源要素。一是激活了人的积极性。农户入股合作社后利益有保障，盈利后还有二次分红，农户积极性高涨。二是激活了村集体资金，村集体资金没有可靠的投向，不能发挥资金作用。入股到合作社后，既有保底收入，也有盈利二次分红，激活资金作用，壮大集体经济。三是盘活了农村闲置土地。农户种植榨菜是利用冬闲地，在利益没有保障时，农户可种可不种；有了利益保障后，田间地头全部种上榨菜，充分发挥了闲置土地的作用。

2. 发展策略 风向保榨菜股份合作社成立之初，以"农民增收、产业增效、生态增值"为核心发展理念，明确了合作社经营管理模式：统一规划、统一经营管理、统一核算股权收益、统一进行二次分红；监事会行使监督权；实行财务公开制度；经营亏损由合作社承担，经营亏损时入股村级集体经济组织和入股农户享受保底分红；盈利二次分红时必须先弥补上年度经营亏损、提取盈余公积。

合作社长远目标是：通过南沱镇治坪村的示范带动，逐步将该模式复制到南沱全镇 30 000 亩榨菜种植基地，以产业发展带动农户脱贫增收、产业升级增效、建设美丽家园。

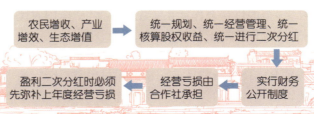

3. 主要做法

（1）建立"公司＋合作社＋农户"模式。由重庆市农业产业化龙头企业——洪丽食品有限责任公司牵头，吸纳南沱镇治坪村集体经济组织、农户入股，组建以榨菜产业发展为主的农村"三变"改革新型经营主体——风向保榨菜股份合作社。

入股股东及股权结构：洪丽食品有限责任公司以资金 255 万元入股，股份占比 10.2％；洪丽鲜榨菜股份合作社以资产（榨菜腌制池及厂房）折价入股 1 100 万元，股份占比 44％；治坪村民委员会以资金 95 万元入股，股份占比 3.8％；本村榨菜种植农户以 5 000 亩土地经营权（青菜头产值）折价 1 050 万元入股至合作社，股份占比 42％。折价方式为：以每亩每年的青菜头产值折价入股，即 3 吨/亩×700 元/吨＝2 100 元/亩（入股金额）。合作社与榨菜种植农户签订入股协议，成为合作社股东。此股份作为虚拟股，以当年交售给合作社的榨菜实际交易额计算入股农户分红收益。

入股年限：无不可抗力原因，入股合作年限从 2018 年 6 月 30 日至 2028 年 6 月 30 日。

组织架构：合作社为经营主体，召开股东代表大会选举理事会、监事会，由理事会组建经营管理班子。

运行管理模式：合作社统一规划、统一经营管理、统一核算股权收益、统一进行二次分红；监事会行使监督权；实行财务公开制度。

建设"榨菜传统文化体验中心"：以"三变"改革示范村为契机，在南沱镇治坪村建设"榨菜传统文化体验中心"，结合南沱镇乡村旅游，形成新的旅游亮点，接纳榨菜文化体验游客，创造旅游收入。

风向保合作社预期收益：年榨菜半成品加工利润 90 万元＋年榨菜传统文化体验旅游利润 10 万元＝年合计收益 100 万元。

（2）建立经营合作长效机制。牵头龙头企业——洪丽食品有限责任公司与新成立的风向保榨菜股份合作社签订长期战略合作协议，保护价收购合作社加工的榨菜半成品。具体为：以半成品加工成本核算（保底利润不低于 50 元/吨）作为保护价，如市场价高于保护价时，按市场价收购。

合作社与入股农户在"入股协议"中明确：一是保护价收购入股农户

交售给合作社的榨菜原料青菜头，具体为：雨水节前 800 元/吨，雨水节后 700 元/吨；二是入股农户榨菜原料青菜头交易金额作为入股金，享受保底收入和盈利二次分红。

合作社与村集体经济组织在"入股协议"中明确，村集体经济组织按股份占比享受保底分红和盈利二次分红。

合作社选举产生的理事会进行合作社经营管理，经营亏损由合作社承担。入股社员和村集体经济组织不承担经营风险，也不得干预合作社经营管理。

三、利益联结机制

1. 入股社员总收入　保底收入（保护价交易额本金＋入股金利息）＋盈利二次分红＋产业务工收入＋财政投入资金股权化分红。

（1）保底收入。榨菜种植农户保底收入为：当年交售到合作社的青菜头交易量×800 元/吨（雨水节前）＋入股金利息（银行基准贷款利率）。

（2）盈利二次分红。榨菜种植农户盈利二次分红为：（高于入股价的溢价×当年交易量）＋盈利后持股比例分红。

（3）产业务工收入。入股农户（含贫困户）在合作社就业务工，按劳动力状况合理安排工种，让多数适劳农户获取务工收入。

（4）财政投入资金股权化分红。为财政投入合作社成员所持股份的 5%。

2. 2019 年农户增收情况

（1）保底收入。风向保合作社社内收购价格雨水节前为 800 元/吨，雨水节后收购价格为 700 元/吨。为解决入股社员就近销售，风向保合作社在治坪村各社共设点 20 多个，收购价格为雨水节前 740 元/吨，雨水节后 700 元/吨。风向保合作社共计收购青菜头 6 380 吨，其中，社内收购青菜头 2 600 吨，治坪村设点收购 3 180 吨，入股社员自加工青菜头 600 吨，共计菜款 459 万元。

入股社员增收情况：治坪村入股社员销售均价为 720 元/吨，涪陵区市场最低价格为 600 元/吨，入股社员增加收入 76.6 万元；部分未提前支取股金的入股社员入股金利息 1.9 万元（入股农户中建卡贫困户 12 户，保底收入额 73 808 元，利息 1 107 元）。

（2）盈利二次分红。合作社在 2019 年 11 月 30 日进行了盈利二次分红。由于 2019 年榨菜原料形势较为疲软，合作社加工的半成品交售价格预计按照保护价收购，利润为 50 元/吨，农户分红额仅有 8 万多元。

（3）产业务工收入。入股社员就近在合作社务工，合作社半成品加工完毕后，获取务工收入 67 万元。

（4）财政投入资金股权化分红。按重庆市涪陵区政府文件规定，入社社员获得了财政投入资金股权化分红 2.5 万元。

四、主要成效

1. 农民增收 合作社成立后，2019 年入股农户（含 12 户入股贫困户）总计增收 156 万元。保护价收购与市场价收购相比，农户增收 76.6 万元；农户入股金利息收入 1.9 万元。财政资金股权化分红 2.5 万元，盈利二次分红 8 万元，产业务工收入 67 万元。

2. 产业增效

（1）龙头企业获得稳定的原料基地。入股龙头企业洪丽食品有限责任公司获得了合作社农户入股的近 5 000 亩榨菜种植基地，解决了龙头企业原料采购的后顾之忧。

（2）原料品质得到了有效保障。入股农户有合作社的技术指导，在保护价收购期内砍收种植的榨菜，按入股龙头企业质量标准加工半成品，原料品质得到了有效保障，为龙头企业市场竞争提供了强力支持。

（3）龙头企业市场竞争力增强，企业经济效益上升 20%。龙头企业有稳定的原料来源和品质保证，市场竞争力增强，2019 年同比销售额提高 20%、利润上升 20%。

3. 生态增值 通过带动种植，近 5 000 亩冬闲土地全部种植榨菜，充分发挥生态效益，促进生态增值。

4. 社会效益 合作社成立后，多数适劳农户可就地务工，解决了外出务工形成的"空巢家庭"；农户经济收入明显增加，乡风文明建设得到显著提高，社会矛盾大幅下降；集体经济壮大后，进一步推动了本村经济建设、政治建设、文化建设、社会建设、生态文明建设和党的建设。

五、启示

1. 探索"1 个创新" 创新土地经营权入股新模式。涪陵区风向保合作社入股农户是以榨菜交易产值折价入股，榨菜种植仅是冬季，其余季节农户还可以自行种植经营，更能有效地发挥土地价值。

2. **明确"2个保障"** 一是入股农户收入有保障。农户榨菜交易产值入股，享受"保护价收购＋入股金5％利息"的保底分红。二是村级集体经济组织收益有保障。吸纳村集体经济组织资金入股，享受保底分红；合作社盈利后农户和村集体经济组织都能再享受盈利分红。

3. **激活"3个要素"** 一是激活农村闲置土地，将冬闲地有效激活利用，充分发挥土地价值。二是激活村集体资金，让村集体资金有产业投向、有保障收入，有效壮大了集体经济。三是激活人的积极性，让农民种植有保障收益，提高了种植积极性，让农民就地务工有工资收入，提高工作积极性，为社会稳定提供有力支撑。

4. **建立"全产业链产业化发展模式"** 一产种植、二产加工销售、三产旅游有效联动，形成全产业链农业产业化模式。通过盘活闲置土地资源、建立新型利益联结机制，有效激发"人、地、财"等资源要素，推动乡村振兴。

5. **发展中的问题** 一是新型经营主体成立后，保障了入股农户和村集体经济组织的收益，但经营风险全部由合作社和入股企业承担，没有风险防控机制。二是合作社经营资金缺乏，因土地经营权抵押融资尚未推进，融资困难，扩大经营规模能力不强。三是国家没有对土地经营权入股新模式探索的配套政策，导致新型经营主体注册、经营风险防控等无相关政策支撑，龙头企业和新型经营主体经营困难较多。四是入股农户企业经营意识、风险意识不够，对企业经营盈亏没有清醒认识，认为入股后一定要分红，需要进一步引导。

总的来说，通过以土地经营权入股为核心的"三变"改革，进一步强化了企业与农户的紧密联结，形成了全产业链抱团发展模式，值得进一步总结推广。

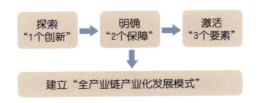

青海湟中：新绿康青稞产业化联合体

> **导语：** 新绿康青稞产业化联合体由龙头企业合作社及种植大户共同组成，以"电商＋企业＋订单＋基地＋种植大户"的运作模式，形成一二三产业融合发展态势，推进青海青稞产业向精深加工升级，联合体始终秉承以"为耕者谋利，为食者造福"的发展理念，不断做好产品的同时不忘为杂粮种植户谋利，使农业产业化进程跃上一个新的台阶，改善了青稞产品消费结构，改变了农产品深加工落后状况，推动了农牧业专业化及产业化水平的不断提高。

一、主体简介

新绿康青稞产业化联合体成立于 2017 年 4 月，由省级龙头企业新绿康食品有限责任公司牵头，与湟中县青荞种植专业合作社、昌诚农产品种植专业合作社、阿尼吉利五谷杂粮专业合作社以及青稞种植大户联合，共同制定章程制度和发展规划。

联合体以青海特色农产品——青稞的种植、产品精深加工、电商等新业态市场营销为主，打造"电商＋企业＋订单＋基地＋大户"模式，形成一二三产业融合发展的态势，推进青海青稞产业向精深加工升级。

联合体 2018 年实现销售收入 9 100 万元，通过合作社和个人流转，租赁土地 12 000 多亩，全部用于青稞种植，所收获的青稞全部提供给龙头企业进行加工，为企业青稞产品的开发和销售提供保障。2018 年联合体共带动 1 600 户农民增收，户均增收 3 000 元。

联合体始终秉承以"为耕者谋利，为食者造福"的发展理念，不断做好产品的同时不忘为杂粮种植户谋利。2018 年，联合体共生产青稞等杂粮产品 28 000 多吨，使农业产业化进程跃上一个新的台阶，改善了青稞等杂粮产品消费结构，改变了农产品深加工的落后状况，推动了农牧业专业化及产业化水平的不断提高。

联合体现有年加工 2 000 吨青稞预拌粉生产线（根据配方不同，分为青稞蛋糕粉、青稞面包粉、青稞饺子粉、青稞饼干粉、青稞面条粉 5 个品种），年加工 1.5 万吨青稞精粉生产线，年加工 2 万吨青稞米生产线，年加工 5 000 吨青稞麦片生产线，年加工 5 000 吨青稞挂面、青稞速食面生产线，年产 2 000 吨青稞麦纤素（β-葡聚糖初级提取加工品）生产线，年产 1 000 吨青稞固体饮料生产线，现有青稞系列产品总加工能力 5 万吨。

二、模式简介

1. 模式概括　联合体模式为"电商＋企业＋订单＋基地＋种植大户"，种植大户负责种植由牵头企业和合作社提供的青稞良种，规模化、机械化、有机化大面积地进行种植管理和收购；合作社负责向种植大户下发采购订单，统一进行收购，经初加工后向牵头加工企业提供生产原粮；加工企业负责加工销售（线上、线下）青稞产品。形成一二三产业融合发展态势，推进青海青稞产业向精深加工升级。

2. 发展策略

（1）**发挥龙头企业带动作用**。企业与合作社、青稞种植大户以"订单"形式紧密合作，提高农民收入。开发利用对发展藏区农业经济、加快粮食生产步伐、增强民族团结和社会安定有重大意义。振兴高原地区经济，是实现以牧为主、农牧结合、以农促牧的繁荣社会的基础性工作。开发杂粮可以大力发展和巩固杂粮生产基地，同时建立了饲草基地，实现以农促牧、农牧结合和优势互补，为畜牧业的稳定和发展奠定了坚实的基础。杂粮开发有利于增强民族团结，实现社会安定。当前，杂粮生产的现状是约1/4的杂粮进入市场流通，大部分作为藏族同胞食物自产自用。通过青稞的深度开发，有利于增加产量，实现青稞产业化开发。

2018年，联合体内合作社与种植大户共承包、租赁土地12 000多亩，由龙头企业提供青稞良种并订单收购合作社及种植大户所种植的青稞，收购价格高于市场价格10％；合作社及种植大户保证青稞品质，替龙头企业把好原料关，为青稞深加工提高附加值创造条件。"订单农业"有利于解决"小生产"与"大市场"的矛盾，减少农民决策的盲目性，降低农业产业化运行成本与风险，提高农业抵御自然风险和市场风险的能力。企业打造自己的有机青稞原料供应基地，实行标准化、模块化生产，不但可以保证产量、提高品质，还能通过土地流转、雇用产业工人的方式，增加农民务工人数，提高百姓收入。企业从联合体内采购原料青稞占总采购量的62％；联合体共带动1 600户农民增收，户均增收3 000元。

（2）**大力发展青稞健康食品精深加工**。由于杂粮加工企业规模较小，青稞深加工企业更少，这对发展"企业＋基地＋农户"的产业化经营有负面的影响，从而形成农民的农产品销售价格较低，造成农民生产积极性下降，出现增产不增收的现象。为提高种植杂粮的积极性，继续发展杂粮产业化，利用好青稞副产品提高经济效益，在湟中县建立具有一定规模的青稞深加工企业，必将为农业增产、农民增收，还为当地经济发展作出贡献。

新绿康青稞产业联合体专业从事青稞产品精深加工，经过十多年的努力所生产的青稞面粉、青稞米、青稞速食面、青稞麦片等在国内市场占有率处于领先地位。2018年联合体销售收入达到9 100万元。

（3）**大力发展新零售业态，与电商结合，促进线上青稞产品销售**。随着国家"互联网＋"战略的不断推进，互联网正深刻改变着各行各业，也给青稞产业带来了新的思考。利用互联网技术，融合互联网思维，创新青稞产业发展模式，是未来青稞产业的发展趋势。青稞产业将迎来发展新机遇，开拓更广阔的市场空间。联合体依托电商渠道，开展网上销售活动，截至 2019 年 3 月已发展线上销售商 60 多家，年销售额 400 多万元。

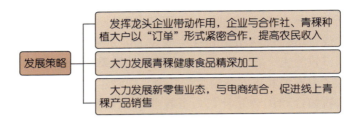

3．主要做法

（1）青稞产业联合体与精准扶贫工作相结合。青海新绿康青稞产业联合体与湟中县群加乡上圈村、西堡镇青山村等地区精准扶贫工作相结合，以上地区大多处于浅山区，年家庭收入大多以种植为主。由于该地区自然环境恶劣，村民们辛苦一年人均收入不足 3 000 元。联合体与贫困户签订青稞种植协议，为种植户提供种子化肥等，以高于市场价 0.4 元/千克的保护价收购杂粮，解决贫困户卖粮难问题。以户均 10 亩计算，户均可直接增收 1 200 元。并从上圈村、青山村以及其他贫困村当中招收 16 名富余劳动力，通过培训进行生产工作，户均可增收 3.6 万元。

（2）青稞产业联合体以入股分红方式带动贫困户发展。新绿康青稞产业联合体积极参与湟中县 2018 年贫困户产业扶持项目，现已与湟中县上新庄镇周德村、尧滩村、华山村、加牙村、下峡门村以及共和镇王家山村共 286 户签订入股分红产业扶持项目，签订金额 85.21 万元。公司每年按入股资金的 10% 进行分红，贫困户年均增收 6 475.87 元。

（3）与精准扶贫相结合，发挥示范带动作用。为贯彻执行青海省委十二届九次全会确定的精准扶贫攻坚目标，立足当地实际，用产业项目带动扶贫，充分利用资源唱好"特色经"。按照改变贫困群众思想观念、培育新型产业工人和高素质农民、发挥产业集聚效应、打造产业龙头的思路，青稞产品加工项目建设与精准扶贫工作相结合。

（4）发展县域特色经济。2017 年，湟中县总播种面积为 83.8 万亩，其中，种植青稞 15 万亩，分别在脑山地区建成了优质青稞生产基地。通过对青稞优良品种的示范和推广种植，青稞的单产和总产量大幅提高。2017 年，全县青稞平均亩产 245 千克，全县总产量 3.3 万吨，除自食外，全部向外出售。但由于杂粮加工企业规模较小，青稞深加工企业更少，这对发展"企业＋基地＋农户"的产业化经营有负面的影响，从而造成农民的农产品销售价格较低，农民生产积极性下降，出现增产不增收的现象。为了提高种植杂粮的积极性，继续发展杂粮产业，利用好青稞副产品，提高经济效益，在湟中县建立具有一定规模的青稞深加工企业，必将为农业增产、农民增收和当地经济发展作出贡献。

三、利益联结机制

青海青稞生产地区生态环境恶劣、社会经济落后、投入低、农民创收途径少，青稞是该地区的主要农作物。开发特色青稞产业是迅速帮助该地区摆脱贫困的有效途径之一。青稞种植地区大部分是青海的扶贫工作重点县，由于青稞市场销路问题，农民没有大量投入到青稞生产中的积极性，从而造成青稞生产投入少、产量低，直接威胁到温饱。因此，只有发展农产品加工业，才能转化农业的资源优势。这是增加青稞生产投入的前提，也是迅速提高青稞产量的关键。联合体可以有效带动湟中县青稞产业化经营，实现产供销一条龙服务，形成"公司＋基地＋农户"的模式。联合体中龙头企业新绿康食品有限责任公司专业从事青稞产品精深加工，所生产青稞面粉、青稞米、青稞速食面、青稞麦片等在国内市场占有率处于领先地位，2017年实现销售收入6 100万元；阿尼吉利五谷杂粮合作社等单位和个人流转、租赁土地8 000多亩用于青稞种植，所收获青稞全部提供给龙头企业，为企业青稞产品的开发和销售提供了保障；企业从联合体内采购原料青稞占总采购量的62%；2017年联合体共带动600户农民增收，户均增收3 000元。联合体中科技与推广人员共8人，为联合体的发展提供了可靠保障。由龙头企业提供青稞良种并订单收购合作社及种植大户所种植的青稞，收购价格高于市场价格10%；合作社及种植大户保证青稞品质，替龙头企业把好原料关，为青稞深加工提高附加值创造条件。

四、主要成效

1. **经济效益**　2019年创建青稞生产基地9 000亩，以户均10亩计算，直接带动900户青稞种植户。公司积极发展订单农业，已与湟中县田家寨镇毛一村和毛二村、群加藏族乡上圈村、西堡镇青山村等村镇集体签订产销合同，以高于市场价0.4元/千克的保护价收购青稞，以亩产200千克计算，可为当地农民带来432万元直接收入，比以市场价出售增加72万元，户均增加收入800元。项目区的农户可通过订单农业形式保证青稞产品的收购，有效增加销售收入。

2. **社会效益**　青稞产品生产利用了青海青稞的生产优势，扩大了青稞用途，使青稞订单种植生产、产品订购、产品加工成为产业化链条，间接增加青稞关联产品运输、包装等行业的就业和农民收入；同时，增加了地方GDP，壮大了地方经济实力，为国家贫困县增加了财力，增加了就业机会，为城镇下岗职工和农民提供了工作岗位。

3. **生态效益** 青稞加工基本上无工艺污染物，在生产过程中仅有部分废渣。废渣主要来源为生产过程中的青稞麸皮，可作为青稞麦绿素的生产原料加以综合利用，还可作为动物的饲料加以利用。青稞在本地的主产区多为脑山地区，通过种植青稞可实现种植结构调整，实现粮油轮作，提高农田生态系统功能，可为减少病虫害创造条件。

五、启示

健康养生已成为现代人追求的生活方向，而地产四大洁净区域之一的青稞，更具有丰富的营养价值和突出的医药保健作用，使得青稞的种植加工迎来新的发展机遇。随着人们对青稞产品的需求不断增加，青稞产品品种越来越丰富，青稞产业俨然成为市场的朝阳产业。

通过几年的实践经验，在现有联合体"电商＋企业＋订单＋基地＋种植大户"模式基础上不断完善"互联网＋青稞产业"供应链。今后联合体具体操作如下：

利用阿里巴巴、天猫、京东等电子商务平台，继续增加青稞及青稞产品的线上交易中心，有效增加农民、合作社、企业销售收入。

购置国内先进的检测检验仪器设备，建立一个能够检测青稞及青稞深加工产品农药残留、重金属及污染物等有害物的检验检测中心和研发中心。在大力发展青稞精深加工产业的同时，保证产品质量，提升产品竞争力。

利用检测中心和研发中心，培养有关方面的技术人才，不断创新。与科研单位合作强化科技支撑，建立健全青稞科研和推广服务体系，加大青稞产品开发力度，形成具有高原特色的绿色产业。

第四章 "企业＋合作社＋家庭农场＋农户"发展模式

南京六合：天纬农业科技有限公司

导语： 南京市六合区位于两省三市交界处，是国家级江北新区的重要组成部分，辖区面积 1 295.3 平方公里，常住人口 69.5 万人，辖 9 个街镇。六合区地处江淮分水岭，地貌大部分属宁镇扬丘陵山区，耕地面积 88.96 万亩，林木覆盖面积 51.32 万亩，常年粮食种植面积 74 万亩，全区水稻种植面积常年稳定在 45 万亩以上。地产优质稻米品牌近 20 个。

近年来，六合区不断重视对家庭农场、合作社、龙头企业等新型农业经营主体的培育和引导，注重解决小农户生产经营的困难，以产业化联合体为纽带，通过"企业＋基地＋农户"的模式，把他们引入现代农业发展大格局，分享现代农业的发展成果。天纬农业科技有限公司正是在这种背景下，借势六合粮食种植优势，发挥省级龙头企业示范作用推行"订单农业"，通过农户加盟、技术支持等方式帮助农户进入订单生产模式；将产业链增值收益部分让利给农户，实现规模种植；建立担保制度和风险基金，将合约引向长期化，增强粮食产业链上下游之间合作的稳定性；建立天纬粮食智能化管理系统，以科技手段实现远程管控，实现稻麦生产的标准化、规模化和设施化。通过整合多方资源实现农业规模化经营，以资源要素的合理配置调动农户的生产积极性，实现稳定性经营，加快六合区稻麦生产的农业现代化进程。

一、主体简介

天纬农业科技有限公司（以下简称"天纬农业"，原名天纬智能系统有限公司，2013年更名）成立于2006年，位于南京市六合区金牛湖街道，基地面积4 000多亩。主要从事绿色农产品生产、苗木种植、粮食烘干、粮食贸易、订单农业、粮食深加工、农业旅游等，创立了南京地区最大的绿色及有机种植孵化基地，现为江苏省农业产业化省级重点龙头企业，是一家集现代农业科技与农业生产有机结合的综合性公司。2016年，公司创立的自主品牌"籼韵"和"粳韵"被国家商标总局批准注册，同年"籼韵"牌生态香米荣获南京市"2016年度优质大米"称号，"粳韵"牌大米荣获2017年度南京好大米银奖，并通过了绿色食品认证；2018年，获有机转换证书，被评为江苏省农业产业化省级重点龙头企业。公司以基地为孵化器，在六合区域内及周边地区孵化了近10万亩优质稻麦种植区，并与其中近5万亩签订了回收合同。同时，不断升级自主研发的稻麦全产业链融合服务系统，用科技的力量带领广大从事稻麦种植的农民致富。2018年实现营业收入近1.53亿元。

二、主要模式

1. **模式概括**　2019年，中央1号文件明确提出，落实扶持小农户和现代农业发展有机衔接的政策，完善"农户＋合作社""农户＋公司"利益联结机制。天纬农业作为江苏省农业龙头企业通过整合多方资源，自主研发了一种纵向多元化和横向一体化有机结合的农业产业化经营模式，即利用"粮食生产智能管理系统＋绿色生产"模型，采取"龙头企业＋农户＋供应商＋采购商"新型合作模式，解决当前粮食产业结构不合理、链条短、低端产能过剩等问题。

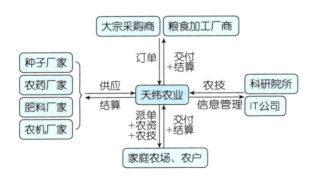

2. **发展策略**　天纬农业致力于改变传统小农生产方式，将种子、农药、肥料、农机等各种要素合理组合，带领农民合作社、家庭农场和广大农户一块抱团发展。一是通过搭建自主研发的粮食智能化管理系统平台，实现对合作农户实施合理有效的管理控制，从而进行资源的有效配置，进

一步提升生产效率，发挥整体优势，掌握与农资供应商的议价权，以此获得超额效益。二是依托订单化不断优化种植结构，形成高品质的粮食种植基地。凭借"立足农业、依托农村、惠及农民"的先行优势，以资金实力、经营理念、产业规模、销售渠道、品牌建设等有利条件搭建基于稻麦生产的全产业链融合服务平台，成为农村产业融合实践的"领导者"，为耕者谋利、为食者造福、为业者护航。

3. 主要做法

（1）大力推广订单农业，成立农业产业化联合体。天纬农业于 2018 年 6 月成立南京天纬农业粮食产业联合体，制定联合体章程，明确各方权利、责任和义务，建立以市场为导向、以订单农业为核心、以粮食种植为基础、以提供农业社会化服务为纽带的紧密型组织联盟。建立内部机制，实现联合体一体化联结。主要表现在以下 3 个方面：

一是交易联结。联合体各方通过签订生产服务合同、协议，确定农产品、生产资料和作业服务要素关系，形成三方共赢的交易联结。联合体通过订单采购、利润分红等方式，与合作社、家庭农场形成紧密利益联结，在联合体内将每年的经营利润按一定比例计提，形成风险基金，提高联合体抗风险能力。强化各主体间诚信合作机制，降低经营主体违约风险，实现利益共享、风险共担。

二是生产要素联结。联合体各方通过生产资金、技术、品牌等生产要素相互融合，建立利益联结机制。天纬农业为联合体核心，负责市场开拓、粮食生产计划安排、粮食生产标准的制定、粮食订单的组织和实施、农产品销售、品牌建设、联合体日常管理等。专业合作社发挥纽带作用，负责提供粮食生产全过程的社会化服务，指导家庭农场及种植大户按相关标准进行优质农产品种植及田间管理。家庭农场按天纬农业制定的生产标准进行专业化粮食生产，向企业提供品质安全可靠的农产品。

三是互助联结。联合体成员通过发挥各自优势，资源共享，建立互助联结机制，解决规模化生产难题，促使联合体健康发展。联合体内各实体独立核算，采取订单式、合作式等方式，为联合体成员单位有偿低价高效服务。龙头企业从各大集团、实力企业拿到订单，分发给合作的家庭农场与种植大户，不管市场起伏、年成丰歉，对于符合标准的照单收购，极大地稳定了农户收益，稳定有效的产出供给也大大增加了公司在谋取市场订单上的话语权。家庭农场在种植品种方面按订单要求，种子、肥料、人工、机械费用由龙头企业天纬农业统一提供，待收获后剔除成本，收益平分。

（2）建立绿色生产模型，坚持质量兴农。按照"稳粮、优供、增效"的总体要求，以提高粮食生产效益为目标，遵循"提品质、优结构、树品牌、增效益"的发展思路，大力发展优质稻麦。公司改进传统产销模式，统一供种、肥、药，控制种植品质，统一运输、烘干、仓储，控制原粮品质。

统一订单销售，解决了卖粮难的问题，推动了现代农业规模化经营、标准化生产、社会化服务策略。在质量管理方面，严控种子、化肥、农药等投入品采购，代替农户监管农资生产企业的产品质量，从源头杜绝影响农产品质量安全的因素和隐患；在种子方面，与丰乐种业合作，为农户提供优质种子；在肥料方面，由翠京元生物科技有限公司统一进行生物有机肥料供应，并派专人对农户进行技术指导；在植保方面，由惠宇农化有限公司安排，对作物不同生长周期所遇到的问题进行跟踪，由天纬农业提供机械，针对不同问题对症下药，实现植保机械化、高效化；以信息平台管理产业链内外部各种信息，多维度保障稻麦生产全周期产业链的稳定性，增强稻麦产业竞争力。

主要表现在以下3个方面：

一是统一粮食生产的投入品。天纬农业与农资供应商洽谈合作，由天纬农业采购农药、肥料、种子等农资，由农资供应商配送给加盟农户使用，统一了投入品。

二是专家模型保障稻麦品质。加盟农户使用天纬农业联合江苏农业科学院和中国科学院南京土壤研究所的专家研发的稻麦生产专家系统，系统解决了什么时候做什么事、如何做的问题，由此实现生产标准化，保障稻

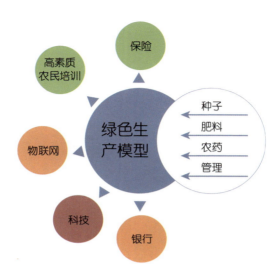

麦的产量和品质。

　　三是天纬农业不定期对加盟农户的生产环节进行抽检，对于不符合安全生产规范的立即整改并记录，直接挂钩加盟农户的评价等级。

　　公司还与保险、金融、科技、软件开发、物联网等公司合作，并与职业技术学校积极对接，为公司资金安全、软件研发、物联网建设、人才储备提供了有效的保障。

　　（3）强化园区辐射能力，打造"物联网＋农业"平台。建立天纬农业粮食生产智能管理系统，面向加盟农户免费提供稻麦生产智能管理系统，助力天纬模式迅速扩张。该系统主要依托江苏省农业科学院、中国科学院南京土壤研究所的专家团队研发的基于生长环境的稻麦生产专家指导系统。由叁十叁科技公司为天纬模式提供软件及物联网支撑。在田间建立气象站、遥感基站等，实现稻麦田间水体实时监测和预警，记录人眼难以识别的细微变化。用户可通过主控中心平台及时发现稻麦生长过程中遇到的问题，通过高清摄像机实时观测植物生长状况，通过各类传感器采集空气温湿度、土壤温湿度、土壤有机质含量、叶面氮含量等生长指标，并实时传输到自主研发的粮食生产智能管理系统。

　　该智能系统以稻麦生产全过程为对象，从源头进行管控，以品质控制贯穿粮食生产链的各个环节，保障各个农户生产标准化；集成区块链及多源信息融合技术、无线传感器网络和数据库等技术，开发了天纬农业基于农业生产全产业链融合服务平台，实现了稻麦食品生产过程安全管理及溯源等功能；以信息平台管理产业连接内外部各种信息，多维度保障稻麦生

产全周期产业链的稳定性，增强稻麦产业竞争力。该系统的应用推广将大大提高企业生产管理效率，降低企业成本，具有广阔的应用推广前景。

目前，在这4 000亩土地上，管理人员可通过传回的高清画面和大量传感数据，坐在办公室就能将农作物生长情况尽收眼底，空气温湿度、土壤温湿度、pH等一览无余。当数据达到一定阈值时，系统会自动预警，发出灌溉、施肥等指令，工作人员能够及时进行田间管理。未来，公司将会不断通过粮食生产智能管理系统积累的数据，进一步完善稻麦全产业链融合平台的建设，并以此为基础平台，不断推广到订单模型中，以此为根据地辐射周边地区，深耕粮食产业，把科技和农业相结合，促进现代农业高质量发展。

天纬农业粮食生产智能管理系统的建成投入使用将有效地减少相关岗位人员配备，缓解人手紧张压力，大幅降低数据采集、整理、分析的工作量，保证了信息传递迅速、及时、准确，工作效率大幅提高。信息的采集、检测、监控、预警为科学种植提供了依据，能够合理地控制肥料和农药的消耗，防止病虫害发生。粮食品质和产量得到进一步提高，综合经济效益提高10%左右。

（4）构建绩效考核模式，调动生产积极性。为了实现4 000亩土地的全方位管理和保障种植收益，同时带动地方百姓致富，公司在当地招募一批种植管理人员，其中，主管1位，其权力是将4 000亩土地平均划分为3个片区，并且在日常生产中统筹整个基地机械、用水、用工。同时主管也作为其中一个片区的负责人，并最后选择分管片区。每个片区负责人在选择自己片区之后，还要将片区分成4个小组并选择3位小组长，每位小组长分得土地 250～300 亩，同时，片区负责人也作为其中一个小组负责人，并最后选择小组，这样将每个区域划分到具体人员。通过绩效考核，使每个人都在为自己种田。

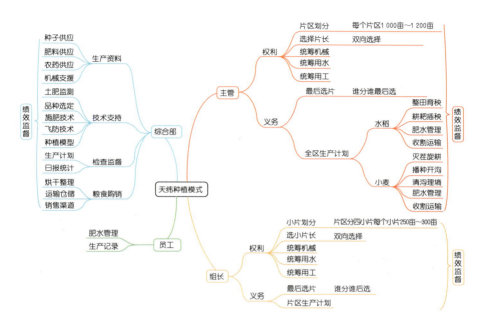

三、利益联结机制

天纬农业为益海嘉里提供优质小麦，为江苏景山米业供应优质水稻，利用溯源系统记录稻麦生长全过程，确保了稻麦质量安全，保障天纬农业水稻在市场上的受欢迎度。通过定价回收完全解决了订单户的销售问题，迅速扩大天纬农业在稻麦产业地方上的影响力，确定天纬农业在产业链中的主导地位。天纬农业作为产业链中的核心企业，为农户预付农资并且以高于市场价的价格回收订单合同粮食，此种方式增强了农户对天纬农业的依赖度，能逐步扩大加入本产业链中的农户群体数量，实现稻麦规模化生产。

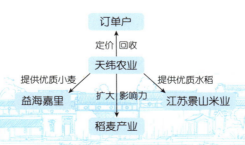

按照略低于市场农资价格与农户结算，随着加盟农户的群体扩大，天纬获得的差价总额呈现指数式增长。同时，加盟农户依托于天纬农业资源、模式、平台、管理优势，在保证产品的产量和品质的同时免除了生产后再跑市场的担忧，实现了风险分担机制。

四、主要成效

天纬农业积极响应号召"扛稳粮食安全"这个重任，推进粮食产业高质量发展。通过基于稻麦生产的全产业链融合服务模式密切农户、供应商与采购商之间的联系，为农业企业生产管理和市场开拓提供了便捷的工具和可靠的数据，在提高企业管理效率的同时，经济效益、社会效益、生态环境效益明显提高。

1. 经济效益　粮食增产效益显著。基地平均亩产约 595 千克，比常规栽培亩产增加约 95 千克，增产约 380 吨；粮食种植成本降低。在模式支持下，减少了种子、人工、肥料、农药甚至灌溉水用量，提高了种植效益。按订单回收平均计价，平均每亩新增产值 300 元以上，加上每亩节约成本约 200 元，每亩新增纯效益不低于 500 元。2018 年，公司通过订单农业实现销售收入超 1.5 亿元。

2. 社会效益　长期以来，通过订单托底价收购、农机服务、技术推广、劳动用工等方式带动六合地区及周边广大农民脱贫致富。天纬农业经营模式带动周边 100 多个种植大户和农民合作社，承包了近 2 万户农民近 10 万亩土地进行订单生产，共增效益超过 5 000 万元。

3. 生态环境效益　充分利用本区域的技术、资金和市场优势，运用设施农业、无害化农业等先进科学技术，实行精耕细作、秸秆还田和先进管理相结合，进行基本农田环境保护，提高土地生产率，加强农产品基地建设，扩大规模化、集约化种植和良种化品种的发展水平，从而实现农产品的绿色、优质化和高效率生产。

五、启示

六合区围绕稻米产业经济做文章，争取到了国家级循环优质高效特色农业促进项目，成为江苏省第一批试点县（区），旨在做强做大做优全区稻米产业，在全省乃至全国争得一席之地。

1. 政府扶持引导是实现农业产业兴旺的重要保障　全面建成小康社会，重点、难点都在农村。政府必须全面落实强农惠农富农政策，加大"三农"投入力度，创新农业经营体制机制。一是稳定增加财政投入。新增农业补贴要向专业大户、家庭农场、农民合作组织等新型生产经营主体倾斜，扶持各类经营主体做大做强。二是创新农村金融服务"三农"的模式。落实区域金融机构涉农贷款增量奖励、农村金融机构定向费用补贴、农户贷款税收优惠、小额担保贷款贴息等政策。推进农村产权抵押融资业务，推行农村土地流转收益和粮食直补抵押贷款业务试点等。三是创新政策支持新型经营主体发展。有关部门创新政策切实支持各类经营主体发展，保障各类经营主体基本农业用地需求。

2. 龙头企业的发展壮大是带动小农户进入产业化经营的有效途径　党的十九大报告中指出，实现小农户与现代农业发展有机衔接，关键在于健全农业社会化服务体系，促进农业产前、产中、产后的社会化、市场化、组织化。而天纬农业牵头成立的产业化联合体，正是通过"公司＋基地＋农户""订单农业"模式，规范利益联结机制、组织带动机制、政策扶持机制，实现与农户合作共赢、知识技术共享、风险共担，促进小农户分享现代农业发展成果。2018年，南京天纬农业粮食联合体通过订单生产模式，龙头企业增收幅度5%～10%，专业合作社为8%～15%，家庭农场为10%～20%，降本增效成效十分显著，带动农户约2 100户。

3. 加强农产品品质建设是推进农业高质量发展的重要内容　在日渐重视食品安全问题的情况下，从货品源头控制、成品加工处理到最后精品销售渠道等都成为农业产业链发展中不容忽视的问题。如何保障从田头到餐桌的安全，就成为联合体成立之初必须解决的问题。南京天纬粮食产业化联合体由牵头企业南京天纬农业科技有限公司负责制定提供标准，实施

"六个统一"模式，天纬农业负责开拓市场、制定行业品牌标准、优化品种布局；合作社负责提供全程社会化服务；农户负责按照规范流程和操作标准提供可靠原粮资源，做到产品溯源，保证产品品质，不仅增加公司效益，也赢得老百姓的口碑。

江苏江阴：故乡情农业发展有限公司

导语： 做农业必须具备爱故乡的情怀和容下小农思想的胸怀，为一个梦想坚定信念，专注目标不动摇。农业企业需要农户提供好的产品，农户又需要企业开发市场和技术提升。只有深刻培育这种鱼水关系，才能更好地撬动一个产业的发展。农户种植的信心足，得到的实惠更足。江阴故乡情农业发展有限公司在完成了合作社和农户的紧密合作的基础上，全面实行公司化运营，更好地在品牌推广、技术研发、营销策略、团队培育、深加工、发展旅游、金融服务等领域健全产业发展链条，让农户产品不愁卖、技术有人教、每年能增收、扩产有资金。

一、主体简介

故乡情农业发展有限公司位于美丽、富饶、和谐的万亩葡萄之乡江阴市西大门——璜土镇，离沪宁高速璜土道口 2 千米、距京沪高铁 3 千米，是一个注重服务与管理、品牌与营销、科技与创新的服务性为主的企业。目前，种植面积 1 400 亩，农旅接待点 5 个，可一次性容纳游客350 人。

公司不忘初心，秉承以"引导青年农民回乡创业、培育职业农民开拓市场、打造白领农民做大产业"的社会责任，充分发挥自身优势，积极把握发展机遇，产业规模不断扩大，采用"基地＋合作社＋农户＋科研院校"的公司化经营方式，持续地探索苏南模式精致农产品营销方案。与顺丰集团合作建立了电子商务平台，突破和拉长销售渠道。与南京农业大学、省农业科学院紧密合作，成立国家级"果树专家工作站"，提升果树种植水平，提高现代化作物标准。重点研究市场营销和农业企业化、产业化内部管理。通过观念创新、产品创新、技术创新、体制创新和管理创新，打造农产品品牌创建，引导产品向商品转型，培养"白领农民"，发展农业产业"蓝领"，不断提升农产品核心竞争力。相继被评为江阴市惠农兴农示范基地、江阴市大学生村官"211"实践示范基地、江阴市十佳农村经济组织、江阴市农业科技示范基地、国家星火计划项目、江苏省级农科教结合示范基地、无锡市一二三产融合发展示范点、首批国家级"星创天地"、江苏省农村科技服务超市江阴经济林果产业分店、全国优质果品生产基地、全国示范合作社。负责人获"全国农村青年致富带头人"称号。生产的"金手指""美人指""阳光玫瑰""醉金香""红巴拉多"等葡萄产品多次获得金奖。

遵循"科学种田、知识管田"的企业精神，坚守"绿色安全、有机种植、精致农业"的价值观念，以科技带动优势产业发展，促进科技与产业的结合，不断创新，勇攀高峰，为社会提供更加优质、安全、放心的产品，在引领现代农业发展的道路上砥砺前行！

二、主要模式

致力研究苏南农业发展模式，通过不断的实践总结和提炼，形成具有更加明确的方向定位，根据不同的发展时期，科学布局产业和销售结构。

1. 模式概括 主要模式是"企业＋合作社（农场）＋农户"＋"品牌＋互联网＋市场＋金融＋旅游"。

```
企业  +  合作社（农场）  +  农户
                +
品牌  +  互联网  +  市场  +  金融  +  旅游
```

2. 发展策略 大家好企业才能好，坚持不从农户手中分利益，只向前端、后端要收益。采用集团型块状管理模式，降低农户生产成本，提高农户收益。把农资、物流、营销、品牌、技术全面统一，提高市场竞争率。在稳定生产和市场的同时，用一二三产业融合发展的思维布局长期规划，建立高标准示范园、电商中心、新品试验车间、产品分拣分级车间、葡萄汁和葡萄酒生产线、葡萄博览园、葡萄职业技术学校、金融中心等，逐步形成工业化的农业管理模式。

三、主要做法

1. 用真情换信任，用管理给实惠 璜土葡萄规模已达万亩，全年产量达 17 500 吨，以多品种生产为特色，果农达到了 1 300 多户。长期以来，由于销售模式传统，商品化率低，种植模式老化等问题，造成市场竞争力越来越无优势。2013 年，江阴故乡情农业发展有限公司成立，针对性地围绕突出问题，形成了具有情怀的运营模式。首先，帮助果农解决卖的问题。根据产品特点，形成了明确的销售结构：精品 15%、电商 15%、旅游采摘 35%、一二线市场 35%。公司与顺丰、邮政等平台合作成立电商运营平台，孵化电商创业人员。2019 年，实现电商总营业额约 1 200 万元；购置专门运输车辆和邮政物流配送相结合，免费帮助批量产品送无锡朝阳果品市场和凌家塘农副产品批发市场，同时，派员在市场进行销售。2019年，市场销售营业额超过700万元；重点培育了5个旅游葡萄采摘接待点，公司统一协助农户设计和建设，全年接待游客42 600人次。据统计，近年来，农户人均纯收入每年递增6％～10％。公司旗下合作社成员从5户增加到了72户，生产面积从50亩增加到了1 400亩。在此基础上，公司与合作社经过努力，实现了"四大"统一。一是生产资料统一采购，节约生产成本。主要任务就是集中采购农资，2018年亩均比单干户节约210元。二是产品统一营销，节约销售成本，培育了营销团队，统一包装、统一品牌、统一运输配送。由于户数变多、产量变大、市场份额占比变大，营销费用与单干户相比，每年每户可以节约2 300元。三是技术统一指导，降低果树损耗。通过社级平台，与江苏省科技服务超市总店、南京农业大学和省农业科学院建立了长期合作关系，还与南京农业大学在2014年度正式成立了"果树专家工作站"，实行了资源共享，建立了远程服务，为果农及时解决病虫害问题提供了快速处理方法，大大减少了果树处理不当造成的损失。四是统一协调各类矛盾，节约时间成本，为果农做好维权，不断协调各种矛盾，如灌溉问题、用电问题、土地流转问题等，避免果农在这些矛盾中浪费大量精力与时间。

2. 靠品牌树形象，靠平台促品质　品牌建设是企业发展的生命。公司通过努力，逐步建立了品质提升系统。一是品牌管理，进行了商标注册、绿色食品认证、企业资信评级；二是向商品转型，注重在包装上、果型上、种植上进行改革，形成产品的独特优势；三是建立培训体制，全年进行培训场次达7次，组织果农外出参观2次，提高果农的种植水平；四是成立技术服务队伍，在修花、修果专业较强技术环节进行技术劳务输出，全年劳务输出2 015个工分；五是强化产学研合作，与南京农业大学合作提升产品质量，与山东泉林嘉有肥料公司合作提高土壤改良，与中国科学院南京植物所合作改变种植新模式；六是承办节庆活动，多年来坚持承办葡萄文化节，参与各地产品评比和展销，逐步扩大璜土葡萄的影响力，使之成为江苏省名牌产品。

3. 强设施抗灾害，强金融保发展　苏南果品种植，设施保障尤为重要。几年来，受到雨水和雪灾的影响，农户果品受到严重损失。公司根据自身发展的需要，多年来逐步改善农户设施建设。目前，设施率达到55％，缓解农业靠天吃饭的压力。由于高标准设施投入需要资金，公司在金融业务上进行创新，引入多种金融模式，对农户进行支持。一是打通与农业银行的战略合作。由公司根据果农长期经营行为和能力评估，银行实现无抵押、免担保、低利息的信用贷款。截至 2019 年 6 月，农户贷款余额达 5 700 万元，未出现一笔坏账风险。二是融资租赁模式。引入社会资本和国有资本，直接投入农业设施。建成后，用租赁的方式给农户使用，减缓了农户一次性投入的压力。三是惠农担保。与地方农商行合作成立惠农担保公司，为农户和涉农企业提供纯信用贷款，充分解决农户和小微企业的融资难、融资贵问题。

4. **重产业为主导，重旅游兴乡村**　以璜土葡萄产业近 40 年发展作为支撑，精心打造葡萄博览园，把 10 年以上树龄的葡萄树移栽到博览园，记载下璜土葡萄发展中的功勋人物和可歌可泣的故事；创办葡萄职业技术学校，培养一代又一代的传承人，用匠心精神种植出一个又一个精品；葡萄示范园采用车间式管理方法，培育车间单品种管理人才，如夏黑生产车间、阳光玫瑰生产车间等，用更专业的方法生产产品。同时，璜土也具有较为浓厚的人文底蕴。公司致力于当地文化内涵的挖掘，携手文化界、摄影界、书画界，收集和整理历史、人文和民俗风情等相关资料，逐步让葡萄产业与美丽乡村结合起来，让村中有园、园中有村的景象成为一种常态。

四、利益联结机制

公司发挥龙头企业的带动作用，组建农业产业化联合体，鼓励企业发展订单生产、合同生产；发挥纽带作用，把农户、家庭农场、合作社有机组织起来；培育龙源、绿益等 8 家家庭农场加入农业产业化联合体，让家庭农场分享农业产业化成果。几年来，公司孵化培育家庭农场 5 家，支持电商 8 家，成为全国首批国家级"星创天地"。积极引导农民农地、宅基地入股参与农业产业化经营，让农民分享农村一二三产业融合发展的增值收益。采取参股合作模式形成农户与合作社的利益联结机制。以农民专业合作社为建设与实施主体，农户以土地、劳动力及政策补助资金等要素入股合作社，参与、监督经营管理。农户既是合作社的股东，又是合作社的打工者；既能参与股份分红，又能获得打工收入。参与项目的农户避雨设施由合作社支持建设，项目区农户葡萄园将由合作社统一制定用药规范、统一防治，按照葡萄标准化生产技术生产。同时，项目区农户葡萄由合作社统一进行销售，中上品质葡萄通过电商平台团购销售，剩余的农产品将由合作社通过其他渠道进行销售。

发挥龙头企业的带动作用，组建农业产业化联合体，鼓励企业发展订单生产、合同生产

＋

发挥纽带作用，把农户、家庭农场、合作社有机组织起来

＋

培育龙源、绿益等8家家庭农场加入农业产业化联合体，让家庭农场分享农业产业化成果

＋

采取参股合作模式形成农户与合作社的利益联结机制

五、主要成效

1. 经济效益 2013 年，完成 120 亩示范田的规划整理，从浙江大学果树科学研究所引进新品 8 个进行培育，社员 5 名；2014 年，与南京农业大学合作成立"果树专家工作站"，实现营业总收入 281.6 万元，吸纳社员 7 名；2015 年，开设首家市区直营店，总营业额实现 1 452 万元，获得省级农科教结合富民示范基地，成立了党支部，吸纳社员 40 名；2016 年，与顺丰速运集团合作成立电商村，发展电商 32 户，实现葡萄销售渠道突破华东地区，全社实现营业总额 1 972 万元，获得首批国家级"星创天地"，吸纳社员 10 名；2017 年，实行全面统一管理，社、组管理机制，深入一级果品市场渠道开发，与中国邮政电商平台合作，加大横向渠道拓展，实现营业总收入达到 2 980 万元，吸纳社员 10 名；2018 年，全面实行公司化运行，注重平台建设，成立科技服务、技术劳务服务队和惠农担保金融平台，实现营业额 3 760 万元，吸收社员 12 名。

2. 社会效益 公司成为科技成果的及时转化、新品种和新技术展示的窗口，以及农业结构调整和农业增效的样板，从而加快现代农业发展的步伐，同时，作为经济发达地区农业发展的方向，向周边推广；推进绿色食品产业、强化生态环境建设、拓展对外贸易和流通业，促进产品转型升级和资源合理有效配置；为社会提供观光休闲场所，成为青少年学习、体验农耕文化的教育培训基地。

3. 生态效益 万亩葡萄产业的发展，有效减轻农业面源污染，净化空气，美化环境，调节气温，减轻城市"热岛效应"，保护生态环境，促进产业可持续发展。

六、启示

1. 发达地区农业应区别于欠发达地区 在产业布局、定位、政策引

导上应当区别对待。需要充分考虑消费群体、市场和农户的投入能力。

2. **产业的形成需要龙头企业带动**　重点培育有胸怀的农业经营主体，要有共同发展的理念、长期的战略布局，还要有良好的经营氛围。

3. **企业的定位要明确**　重要的就是管理、服务和营销，因为农户的投入能力不高，只有依托企业的平台，协助农户改善设施，才能提高生产水平、降低生产风险。

4. **企业需要足够的宽容度和公益心**　农户的要求很直接，要的就是实实在在的效益。只有通过引导和示范，让农户有依靠，让农户吃到定心丸，让农户保收益，企业才可以逐步地用制度来规范农户，提高农户的意识。

江西广昌：白莲产业化联合体

> **导语**：广昌县位于武夷山西麓、抚河源头，清澈的水源、肥沃的土壤、温和湿润的气候为生产优质通芯白莲提供了得天独厚的自然条件。
>
> 广昌白莲是国家地理标志保护产品、中国地理标志产品和农产品地理标志产品，因色白粒大、味甘清香、炖煮易烂、汤清肉绵、营养丰富等突出品质而享誉古今中外。
>
> 广昌县年种植白莲突破 11 万亩，是全国最大的白莲科研生产中心、集散中心、价格形成中心和全国优质通芯白莲出口基地。随着广昌县委、县政府对白莲产业发展的重视和投入，在省级龙头企业致纯食品股份有限公司等企业的引领下，白莲产业快速发展，已成为县域支柱型产业，助力广昌县脱贫摘帽、贫困户脱贫不返贫。

一、主体简介

致纯食品董事长陈荣华是土生土长的莲乡人，对白莲有特殊的钟爱和感情，早年曾栽种和销售白莲。20 世纪 90 年代，他南下广州、西闯新疆创办企业。

事业有成的陈荣华始终没有忘记家乡，决心要回到家乡发展白莲产业，带领父老乡亲致富。2012 年，陈荣华怀揣"发展白莲产业，反哺家乡，回报故土"的初心，携带多年积攒的资金创建了集有机种植，莲食品深加工、销售，莲文化创意、休闲旅游开发等产业同步发展的致纯食品股份有限公司。

2017 年，省级龙头企业致纯食品股份有限公司牵头成立了白莲产业化联合体，在原有的"企业＋合作社＋农户"的基础上，融合家庭农场 2 家、白莲专业合作社 6 家、莲产品深加工企业 7 家、莲产品废弃物利用型企业 3 家、莲产品加工机械型企业 2 家、莲文创产品生产销售型企业 2 家及莲文化休闲旅游型企业 2 家共同协商，作为初始成员单位形成的白莲产业化联盟，致力于整合广昌白莲产业资源，发挥白莲产业各环节的主体优势，齐心协力做大做强广昌的白莲产业。

二、模式简介

1. 模式概括 白莲产业化联合体围绕做大做强广昌白莲产业，带动农民脱贫致富，促进县域经济发展，以中国驰名商标——广昌白莲为品牌内容，以优质白莲收购订单为抓手，推行优质绿色、有机标准化生产经营，打造完整的白莲产业链。联合体成员包含莲产品深加工企业、合作社、家庭农场、农户（以贫困户为主）、科研机构、食品技术院校、莲文化旅游公司、莲文化创意公司等，联合体内各成员优化资源配置，互联互通，实现合作共赢。

白莲产业化联合体通过制定联合体章程和协议，在企业、合作社、家庭农场和农户等各主体间建立紧密的利益联结机制，实现品牌引领、资源整合、优势互补、分工合作、相互配合、节本增效、互利共赢的一种全产业链发展的联合体类型。按照"六个统一"实行标准化管理和运作，即统一优质品种、统一基地管理、统一收购标准、统一加工标准、统一包装销售、统一品牌宣传。以龙头企业、家庭农场、种植大户、白莲专业合作社、莲产品深加工企业、莲产品废弃物利用企业、莲产品加工机械企业、莲文创产品生产销售企业及莲文化休闲旅游企业为经营主体，通过共同协商，制定章程、签订协议，明确各方权利和义务，分工合作，共同发展。

由龙头企业负责品牌的推广维护，制订种养计划，规定产品质量，提供生产品种、技术支持、产品收购、农资服务及各种社会化服务；农民合作社和家庭农场负责白莲产品生产。联合体内部产品交易费用得到大大降低，实现了不同主体利益最大化。

（1）**标准引领品牌，促进价值提升**。白莲产业化联合体统一制定了白莲生产规划和年度计划，并要求联合体成员统一技术标准，在白莲生产和加工过程中严格按照国家标准执行，确保白莲产品的质量和安全。

为发挥龙头企业的品牌优势，推动品牌共创共享，使产品快速走向市场，联合体整合了品牌资源，探索设立了共同营销基金，统一开展营销推广，打造联合品牌，并授权成员共同使用。联合体成员围绕白莲主导产业，进行种养结合、粮莲结合、种养加一体化布局，积极发展绿色农业、循环农业和有机农业，使白莲产品质量提高、产业链延长、效益提升。

（2）**拓展联结方式，促进增产增收**。白莲产业化联合体通过确立交易联结、生产要素联结、互助联结，使龙头企业、合作社、家庭农场的联系更加紧密，形成了利益共享、风险共担的命运共同体。各成员间通过签订生产服务合同、协议，确定白莲生产投入品和技术服务要素关系，形成三方共赢的交易联结。通过生产资金、技术、品牌等生产要素相互融合，建立利益联结机制。

联合体的发展实现了三方共赢，联结更加紧密。合作社加入联合体后，有了稳定的服务对象，利益有了保障；家庭农场通过与龙头企业联合，资金有保障、技术有指导、市场有销路，解决了资金、技术、信息、市场等问题，提高了产量，增加了收入。

（3）加强技能培训，科学建设基地。为了提高整体素质，联合体加强了成员的培训学习，组织各成员认真学习白莲生产有关知识和《广昌白莲》国家标准，提高各成员的生产、管理能力。通过推广白莲新品种、开展技术指导、科学管理，促进了家庭农场开展标准化生产、规范化管理，为龙头企业建立了稳定的白莲生产基地，减少了中间环节，节约了成本，保障了产品质量，排除了农产品质量安全的源头之忧。

龙头企业通过与家庭农场联结，建立了稳定的生产基地，既确保了原料稳定供给，又减少了原料采购中间环节，节约了成本。同时，企业指导监督家庭农场开展标准化生产，保障了企业对农产品质量安全的要求。

（4）创新营销方式，促进三产融合。只有抱团发展才能获得更大利益。联合体采取订单、入股分红、利润返还等方式，与农民合作社、种植大户和家庭农场形成紧密型利益关系；在联合体内将每年的经营利润按一定比例计提，形成风险基金，提高联合体抗风险能力；强化各主体间诚信合作机制，降低经营主体违约风险，实现利益共享、风险共担。

通过种加结合的模式，联合体内实现了产业循环发展。同时，由于联合体覆盖了从原料生产到农产品加工、流通等各产业，形成了相对完整的产业链，实现了一二三产业融合发展。联合体内各经营主体发挥各自优势，开展多元化、社会化服务，涵盖产前的种子、化肥、农药等农资供应环节，产中的耕、种、管、收等机械化作业环节，以及产后的销售、运输、加工等环节，实现了生产要素在联合体内的有效自由流动。

传统广昌白莲产业以销售通芯白莲为主要收入来源。在白莲产业化联合体成立以后，通过技术创新、工艺创新、原材料创新、渠道创新、设备引进等多方面革新，形成了一条完整且不断延伸的绿色广昌白莲产业链。

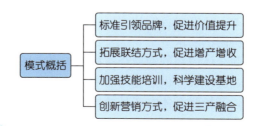

2. 发展策略

（1）增强主体活力。龙头企业发展精深加工，建设物流体系，健全农产品营销网络。主动适应和引领产业链转型升级，强化供应链管理。制定农产品生产、服务和加工标准，示范引导农民专业合作社和家庭农场从事标准化生产。发挥产业组织优势，联手农民专业合作社、家庭农场组建联合体，实行产加销一体化经营。

农户、家庭农场组建农民专业合作社，发展生产、供销、信用"三位一体"综合合作。支持农民专业合作社围绕产前、产中、产后环节从事生产经营和服务，引导农户发展专业化生产，促进龙头企业发展加工流通。

按照自愿有偿原则，农户流转承包土地经营权，培育发展适度规模经营的家庭农场，与农民专业合作社、龙头企业开展产品对接、要素联结和服务衔接。

共同章程，明确权利、责任和义务，提高运行管理效率。鼓励联合体探索治理机制，以多种形式沟通协商涉及经营的重大事项，共同制订生产计划，保障各成员的话语权和知情权。

（2）优化产业结构。结合各方优势，参与高标准农田建设，实施白莲种植、莲鱼共生、莲产品初加工、莲产品深加工、莲美食体验、莲休闲农业和乡村旅游、莲文化开发等产业融合发展。组建规模化、专业化、标准化绿色有机生产基地，保障生产原料供应。

以联合体为载体，核心龙头企业与上下游中小微企业和新型农业经营主体挂靠联合、分工协作，打造产业关联度高、功能互补性强的产业集群，推动农村一二三产业融合发展。推动科技、人文等要素融入农业，发展体验农业、康养农业、创意农业等新业态，推进农业与旅游、教育、文化、康养等产业深度融合。

（3）资源要素共享。农户以土地经营权入股家庭农场、农民专业合作社和龙头企业，发展农业产业化经营；家庭农场、农民专业合作社和龙头企业为农户提供代耕代种、统防统治、代收代烘等农业生产托管服务。

龙头企业建立研发机构，推进原始创新、集成创新、引进消化吸收再创新，示范应用全链条创新设计，提升联合体综合竞争力；提供技术指导、技术培训等服务，向农民合作社和家庭农场推广新品种、新技术、新工艺，提高联合体协同创新水平。

龙头企业依托联合体内部的沟通合作机制，将市场信息传导至生产环节，优化种养结构，实现农业供给侧与需求端的有效匹配。积极发展电子商务、直供直销等，开拓联合体农产品销售渠道，强化信息化管理，把联合体成员纳入企业信息资源管理体系，实现资金流、信息流和物资流的高度统一。

联合体统一技术标准，严格控制生产加工过程。龙头企业依托联合体建设产品质量安全追溯系统，纳入农产品质量安全追溯管理信息平台。引导联合体增强品牌意识，鼓励龙头企业、农民专业合作社和家庭农场开展"三品一标"认证。联合体整合品牌资源，探索设立共同营销基金，统一开展营销推广，打造联合品牌。

（4）完善利益机制。联合体探索成员间相互入股、组建新主体等新型联结方式，实现深度融合发展。引导农民以土地经营权、设施设备等入股专业合作社或龙头企业，让农民以股东身份分享更多收益。

龙头企业将农资供应、技术培训、生产服务与订单相结合，全方位提升农民专业合作社和家庭农场的适度规模经营水平。联合体内部形成服务、购销等方面的最惠待遇，让各成员分享联合体机制带来的好处。

遵循市场经济规律，妥善处理好联合体各成员之间、与普通农户之间的利益分配关系。强化龙头企业联农带农激励机制，加强订单合同履约监督，建立诚信促进机制。

三、利益联结机制与惠农措施

1. 利益联结机制

（1）通过签订相关协议，在保底收购莲产品的同时，针对贫困户按照高于市场价5%的价格收购，在协议中确立白莲产品种植、收购、粗加工、深加工、废弃物回收处理、设备农技服务、文创产品及莲文化旅游等各环节的处理量和需求，实现白莲产业经营有序循环，使每个成员单位都能在联合体内形成上下游产业链同时共同分享广昌白莲产业发展的红利。

（2）联合体针对各成员单位加入后通过内部交易产生的超效益部分，按超额部分的2%进行提成。联合体所产生的收益，各联合体成员根据当年在联合体总经济效益中所占的比重，参与联合体的利润分红。

2. 惠农措施

（1）技术指导。在选种、育种、加工上对联合体内成员进行统一培训选种，并对白莲从种植到采摘的整个过程进行跟踪指导，统一供应肥料。

（2）肥料补助。联合体将莲蓬、莲子壳等废弃物加工而成的肥料，按低于市场价10元/包的价格销售给联合体成员农户，并承担短途运输费用。给予农户化肥供应补贴，给每户无偿发放两包化肥的同时，按联合体成员耕地面积每亩供应1包化肥（不足两亩按1亩计算，以此类推）。

（3）参会补贴及履约奖励。联合体给予合作社理事300元/月工作津贴，按合作社订单实际收购数量给予1元/千克的收购经费。召开联合体理事会议期间，给予参会人员每天60元误工补贴及20元/餐伙食补贴，往返车费由联合体报销。年末根据合作社订单履约率和收购数量进行评比并奖励现金。

（4）**高价收购并给予订单补贴**。联合体以高于市场价格统一收购联合体成员农户生产的白莲产品。如联合体成员根据订单按质按量完成交售白莲后，还可另行领取 4 元/千克的订单补贴，并根据销售产品的金额参与保底分红。

（5）**利益分红**。种植户通过土地入股的方式参与合作社的利益分红。

2018 年，白莲产业化联合体实现销售收入 168 759.42 万元。其中，致纯食品公司通过收购莲农的莲子、荷叶、藕等产品，使每户莲农平均增收 4 100 元。另外，公司莲产品加工车间还安排了 146 名农民工就业，每人每年可增收 3 万元。

四、主要成效

1. **经济效益**　白莲产业化联合体积极响应习近平总书记关于精准扶贫的指示精神，贯彻落实江西省扶贫攻坚的战略布局，积极参与"千企帮千村"精准扶贫行动。联合体与贫困村结成帮扶关系，建立良好的产业帮扶机制，用实际行动带领贫困户致富脱贫，带动 4 780 户农户创收 6 521 万元，其中，带动 280 户贫困户创收 512 万元；带动 4 500 户合同订单农户，创收 6 009 万元。

2. **社会效益**　通过做大做强白莲产业，吸纳外出务工人员返乡创业、就业，有效减少留守儿童、留守老人的群体数量，助力农户增收致富。2018 年，在广昌县委、县政府领导下，在各级党委和政府的大力支持下，在社会各界力量的参与下，广昌县顺利脱贫，其中就有白莲产业化联合体的贡献。致纯食品等联合体成员单位荣获江西省"千企帮千村"精准扶贫行动"先进民营企业"荣誉称号。

3. **生态效益**　白莲产业化联合体在做大做强做精广昌白莲产业的同时，注重白莲产业可持续发展。通过"企业＋合作社＋农户"模式的种植基地，由设有院士工作站的莲科所及致纯食品的莲食品研发中心提供相关的技术支持，对广昌白莲耕种实行轮作。

4. **品牌效益**　致纯食品作为联合体理事长单位，勇作表率，寻求技术突破、工艺创新，先后申报国家专利 26 项，旗下"莲爽"牌莲子汁、荷叶茶饮料等广昌白莲代表性产品入选参加外交部江西省全球推介会，被确定为江西航空指定饮品，荣获第十三届江西"生态鄱阳湖·绿色农产品"展销会产品金奖、第十六届中国国际农产品交易会产品金奖、第二届全国农村创业创新项目创意大赛总决赛成长组三等奖，产品畅销华润万家、天虹等国内商超和东南亚、欧美市场。同时，致纯食品注重品牌宣传，2019 年"莲爽"广告在央视一套隆重发布，快速提升了广昌白莲品牌影响力和产品知名度。

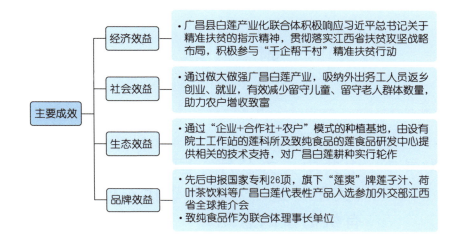

五、启示

1. **农业产业化联合体是农业新型经营主体联合的一种组织形态** 通过这种组织形式，各类主体优势互补、分工合作、产业联结、一体发展，既发挥了各类经营主体本身所具有的优势又弥补了短板，达到了1＋1＋1>3的效果。

2. **农业产业化联合体是一二三产业融合发展的重要组织方式** 通过龙头企业、专业合作社、家庭农场（种植大户）各自具有一二三产功能的经营主体的联合，将产业的"外部性"变为联合体的"内部性"，打通了从生产向加工、储藏、流通、销售、旅游等二三产业环节连接的路径，环环相扣，业业相连，实现了一体化、融合式生产和发展。

3. **农业产业化联合体是提升农业社会化服务水平的有效形式** 联合体内各类主体既是服务对象，也是服务端，结成了一个覆盖农业产前、产中、产后全程环节的服务链，各类要素得到充分优化配置，极大提升了农业的社会化服务水平。

4. **农业产业化联合体是提高农业生产经营市场化程度的有效载体** 发展农业产业化联合体，让其中的各类主体形成一个紧密联系的整体，通过信息和资源共同分享，促进了产需信息的快速传递。

无论是要素配置、市场对接，还是三产融合、提质增效等，发展农业产业化联合体都表现出明显成效，适应了当前我国农业农村改革和发展的现实需求，是农业供给侧结构性改革的重大创新。

附　　录

附录 1　中共中央办公厅　国务院办公厅印发《关于促进小农户和现代农业发展有机衔接的意见》

党的十九大提出，实现小农户和现代农业发展有机衔接。为扶持小农户，提升小农户发展现代农业能力，加快推进农业农村现代化，夯实实施乡村振兴战略的基础，现就促进小农户和现代农业发展有机衔接提出如下意见。

一、重要意义

发展多种形式适度规模经营，培育新型农业经营主体，是增加农民收入、提高农业竞争力的有效途径，是建设现代农业的前进方向和必由之路。但也要看到，我国人多地少，各地农业资源禀赋条件差异很大，很多丘陵山区地块零散，不是短时间内能全面实行规模化经营，也不是所有地方都能实现集中连片规模经营。当前和今后很长一个时期，小农户家庭经营将是我国农业的主要经营方式。因此，必须正确处理好发展适度规模经营和扶持小农户的关系。既要把准发展适度规模经营是农业现代化必由之路的前进方向，发挥其在现代农业建设中的引领作用，也要认清小农户家庭经营很长一段时间内是我国农业基本经营形态的国情农情，在鼓励发展多种形式适度规模经营的同时，完善针对小农户的扶持政策，加强面向小农户的社会化服务，把小农户引入现代农业发展轨道。

（一）促进小农户和现代农业发展有机衔接是巩固完善农村基本经营制度的重大举措。小农户是家庭承包经营的基本单元。以家庭承包经营为基础、统分结合的双层经营体制，是我国农村的基本经营制度，需要长期坚持并不断完善。扶持小农户，在坚持家庭经营基础性地位的同时，促进小农户之间、小农户与新型农业经营主体之间开展合作与联合，有利于激发农村基本经营制度的内在活力，是夯实现代农业经营体系的根基。

（二）促进小农户和现代农业发展有机衔接是推进中国特色农业现代化的必然选择。小农户是我国农业生产的基本组织形式，对保障国家粮食安全和重要农产品有效供给具有重要作用。农业农村现代化离不开小农户的现代化。扶持小农户，引入现代生产要素改造小农户，提升农业经营集约化、标准化、绿色化水平，有利于小农户适应和容纳不同生产力水平，在农业现代化过程中不掉队。

（三）促进小农户和现代农业发展有机衔接是实施乡村振兴战略的客观要求。小农户是乡村发展和治理的基础，亿万农民群众是实施乡村振兴战略的主体。精耕细作的小农生产和稳定有序的乡村社会，构成了我国农村独特的生产生活方式。扶持小农户，更好发挥其在稳定农村就业、传承农耕文化、塑造乡村社会结构、保护农村生态环境等方面的重要作用，有利于发挥农业的多种功能，体现乡村的多重价值，为实施乡村振兴战略汇聚起雄厚的群众力量。

（四）促进小农户和现代农业发展有机衔接是巩固党的执政基础的现实需要。小农户是党的重要依靠力量和群众基础。党始终把维护农民群众根本利益、促进农民共同富裕作为出发点和落脚点。扶持小农户，提升小农户生产经营水平，拓宽小农户增收渠道，让党的农村政策的阳光雨露惠及广大小农户，有利于实现好、维护好、发展好广大农民根本利益，让广大农民群众的获得感、幸福感、安全感更加充实、更有保障、更可持续。

二、总体要求

（一）指导思想。以习近平新时代中国特色社会主义思想为指导，全面贯彻党的十九大和十九届二中、三中全会精神，坚持小农户家庭经营为基础与多种形式适度规模经营为引领相协调，坚持农业生产经营规模宜大则大、宜小则小，充分发挥小农户在乡村振兴中的作用，按照服务小农户、提高小农户、富裕小农户的要求，加快构建扶持小农户发展的政策体系，加强农业社会化服务，提高小农户生产经营能力，提升小农户组织化程度，改善小农户生产设施条件，拓宽小农户增收空间，维护小农户合法权益，促进传统小农户向现代小农户转变，让小农户共享改革发展成果，实现小农户与现代农业发展有机衔接，加快推进农业农村现代化。

（二）基本原则

——政府扶持、市场引导。充分发挥市场配置资源的决定性作用，更好发挥政府作用。引导小农户土地经营权有序流转，提高小农户经营效率。注重惠农政策的公平性和普惠性，防止人为垒大户，排挤小农户。

——统筹推进、协调发展。统筹兼顾培育新型农业经营主体和扶持小农户，发挥新型农业经营主体对小农户的带动作用，健全新型农业经营主体与小农户的利益联结机制，实现小农户家庭经营与合作经营、集体经营、企业经营等经营形式共同发展。

——因地制宜、分类施策。充分考虑各地资源禀赋、经济社会发展和农林牧渔产业差异，顺应小农户分化趋势，鼓励积极探索不同类型小农户发展的路径。不搞一刀切，不搞强迫命令，保持足够历史耐心，确保我国农业现代化进程走得稳、走得顺、走得好。

——尊重意愿、保护权益。保护小农户生产经营自主权，落实小农户土地承包权、宅基地使用权、集体收益分配权，激发小农户生产经营的积极性、主动性、创造性，使小农户成为发展现代农业的积极参与者和直接受益者。

三、提升小农户发展能力

（一）启动家庭农场培育计划。采取优先承租流转土地、提供贴息贷款、加强技术服务等方式，鼓励有长期稳定务农意愿的小农户稳步扩大规模，培育一批规模适度、生产集约、管理先进、效益明显的农户家庭农场。鼓励各地通过发放良技良艺良法应用补贴、支持农户家庭农场优先承担涉农建设项目等方式，引导农户家庭农场采用先进科技和生产力手段。指导农户家庭农场开展标准化生产，建立可追溯生产记录，加强记账管理，提升经营管理水平。完善名录管理、示范创建、职业培训等扶持政策，促进农户家庭农场健康发展。

（二）实施小农户能力提升工程。以提供补贴为杠杆，鼓励小农户接受新技术培训。支持各地采取农民夜校、田间学校等适合小农户的培训形式，开展种养技术、经营管理、农业面源污染治理、乡风文明、法律法规等方面的培训。新型职业农民培育工程和新型农业经营主体培育工程要将小农户作为重点培训对象，帮助小农户发展成为新型职业农民。涉农职业院校等教育培训机构要发挥专业优势，优先做好农村实用人才带头人示范培训。鼓励各地通过补贴学费等方式，引导各类社会组织向小农户提供技术培训。

（三）加强小农户科技装备应用。加快研发经济作物、养殖业、丘陵山区适用机具和设施装备，推广应用面向小农户的实用轻简型装备和技术。建立健全农业农村社会化服务体系，实施科技服务小农户行动，支持小农户运用优良品种、先进技术、物质装备等发展智慧农业、设施农业、循环农业等现代农业。引导农业科研机构、涉农高校、农业企业、科技特派员到农业生产一线建立农业试验示范基地，鼓励农业科研人员、农业技术推广人员通过下乡指导、技术培训、定向帮扶等方式，向小农户集成示范推广先进适用技术。

（四）改善小农户生产基础设施。鼓励各地通过以奖代补、先建后补等方式，支持村集体组织小农户开展农业基础设施建设和管护。支持各地重点建设小农户急需的通田到地末级灌溉渠道、通村组道路、机耕生产道路、村内道路、农业面源污染治理等设施，合理配置集中仓储、集中烘干、集中育秧等公用设施。加强农业防灾减灾救灾体系建设，提高小农户抗御灾害能力。

四、提高小农户组织化程度

（一）引导小农户开展合作与联合。支持小农户通过联户经营、联耕联种、组建合伙农场等方式联合开展生产，共同购置农机、农资，接受统耕统收、统防统治、统销统结等服务，降低生产经营成本。支持小农户在发展休闲农业、开展产品营销等过程中共享市场资源，实现互补互利。引导同一区域同一产业的小农户依法组建产业协会、联合会，共同对接市场，提升市场竞争能力。支持农村集体经济组织和合作经济组织利用土地资源、整合涉农项目资金、提供社会化服务等，引领带动小农户发展现代农业。

（二）创新合作社组织小农户机制。坚持农户成员在合作社中的主体地位，发挥农户成员在合作社中的民主管理、民主监督作用，提升合作社运行质量，让农户成员切实受益。鼓励小农户利用实物、土地经营权、林权等作价出资办社入社，盘活农户资源要素。财政补助资金形成的资产，可以量化到小农户，再作为入社或入股的股份。支持合作社根据小农户生产发展需要，加强农产品初加工、仓储物流、市场营销等关键环节建设，积极发展农户＋合作社、农户＋合作社＋工厂或公司等模式。健全盈余分配机制，可分配盈余按照成员与合作社的交易量（交易额）比例、成员所占出资份额统筹返还，并按规定完成优先支付权益，使小农户共享合作收益。扶持农民用水合作组织多元化创新发展。支持合作社依法自愿组建联合社，提升小农户合作层次和规模。

（三）发挥龙头企业对小农户带动作用。完善农业产业化带农惠农机制，支持龙头企业通过订单收购、保底分红、二次返利、股份合作、吸纳就业、村企对接等多种形式带动小农户共同发展。鼓励龙头企业通过公司＋农户、公司＋农民合作社＋农户等方式，延长产业链、保障供应链、完善利益链，将小农户纳入现代农业产业体系。鼓励小农户以土地经营权、林权等入股龙头企业并采取特殊保护，探索实行农民负盈不负亏的分配机制。鼓励和支持发展农业产业化联合体，通过统一生产、统一营销、信息互通、技术共享、品牌共创、融资担保等方式，与小农户形成稳定利益共同体。

五、拓展小农户增收空间

（一）支持小农户发展特色优质农产品。引导小农户拓宽经营思路，依靠产品品质和特色提高自身竞争力。各地要结合特色优势农产品区域布局，紧盯市场需求，深挖当地特色优势资源潜力，引导小农户发展地方优势特色产业，形成一村一品、一乡一特、一县一业。探索建立农业产业到户机制，制订"菜单式"产业项目清单，指导小农户自主选择。支持小农户发挥精耕细作优势，引入现代经营管理理念和先进适用技术装备，发展劳动密集化程度高、技术集约化程度高、生产设施化程度高的园艺、养殖等产业，实现小规模基础上的高产出高效益。引导小农户发展高品质农业、绿色生态农业，开展标准化生产、专业化经营，推进种养循环、农牧结合，生产高附加值农产品。实施小农户发展有机农业计划。

（二）带动小农户发展新产业新业态。大力拓展农业功能，推进农业与旅游、文化、生态等产业深度融合，让小农户分享二三产业增值收益。加强技术指导、创业孵化、产权交易等公共服务，完善配套设施，提高小农户发展新产业新业态能力。支持小农户发展康养农业、创意农业、休闲农业及农产品初加工、农村电商等，延伸产业链和价值链。开展电商服务小农户专项行动。支持小农户利用自然资源、文化遗产、闲置农房等发展观光旅游、餐饮民宿、养生养老等项目，拓展增收渠道。

（三）鼓励小农户创业就业。鼓励有条件的地方构建市场准入、资金支持、金融保险、用地用电、创业培训、产业扶持等相互协同的政策体系，支持小农户结合自身优势和特长在农村创业创新。健全就业服务体系，扩大农村劳动力转移就业渠道，鼓励农村劳动力就地就近就业，支持农村劳动力进入二三产业就业。支持小农户在家庭种养基础上，通过发展特色手工和乡村旅游等，实现家庭生产的多业经营、综合创收。

六、健全面向小农户的社会化服务体系

（一）发展农业生产性服务业。大力培育适应小农户需求的多元化多层次农业生产性服务组织，促进专项服务与综合服务相互补充、协调发展，积极拓展服务领域，重点发展小农户急需的农资供应、绿色生产技

术、农业废弃物资源化利用、农机作业、农产品初加工等服务领域。搭建区域农业生产性服务综合平台。创新农业技术推广服务机制，促进公益性农技推广机构与经营性服务组织融合发展，为小农户提供多形式技术指导服务。探索通过政府购买服务等方式，为小农户提供生产公益性服务。鼓励和支持农垦企业、供销合作社组织实施农业社会化服务惠农工程，发挥自身组织优势，通过多种方式服务小农户。

（二）加快推进农业生产托管服务。创新农业生产服务方式，适应不同地区不同产业小农户的农业作业环节需求，发展单环节托管、多环节托管、关键环节综合托管和全程托管等多种托管模式。支持农村集体经济组织、供销合作社专业化服务组织、服务型农民合作社等服务主体，面向从事粮棉油糖等大宗农产品生产的小农户开展托管服务。鼓励各地因地制宜选择本地优先支持的托管作业环节，不断提升农业生产托管对小农户服务的覆盖率。加强农业生产托管的服务标准建设、服务价格指导、服务质量监测、服务合同监管，促进农业生产托管规范发展。实施小农户生产托管服务促进工程。

（三）推进面向小农户产销服务。推进农超对接、农批对接、农社对接，支持各地开展多种形式的农产品产销对接活动，拓展小农户营销渠道。实施供销、邮政服务带动小农户工程。完善农产品物流服务，支持建设面向小农户的农产品贮藏保鲜设施、田头市场、批发市场等，加快建设农产品冷链运输、物流网络体系，建立产销密切衔接、长期稳定的农产品流通渠道。打造一批竞争力较强、知名度较高的特色农业品牌和区域公用品牌，让小农户分享品牌增值收益。加大对贫困地区农产品产销对接扶持力度，扩大贫困地区特色农产品营销促销。

（四）实施互联网＋小农户计划。加快农业大数据、物联网、移动互联网、人工智能等技术向小农户覆盖，提升小农户手机、互联网等应用技能，让小农户搭上信息化快车。推进信息进村入户工程，建设全国信息进村入户平台，为小农户提供便捷高效的信息服务。鼓励发展互联网云农场等模式，帮助小农户合理安排生产计划、优化配置生产要素。发展农村电子商务，鼓励小农户开展网络购销对接，促进农产品流通线上线下有机结合。深化电商扶贫频道建设，开展电商扶贫品牌推介活动，推动贫困地区农特产品与知名电商企业对接。支持培育一批面向小农户的信息综合服务企业和信息应用主体，为小农户提供定制化、专业化服务。

（五）提升小城镇服务小农户功能。实施以镇带村、以村促镇的镇村融合发展模式，将小农户生产逐步融入区域性产业链和生产网络。引导农产品加工等相关产业向小城镇、产业园区适度集中，强化规模经济效应，逐步形成带动小农户生产的现代农业产业集群。鼓励在小城镇建设返乡创业园、创业孵化基地等，为小农户创新创业提供多元化、高质量的空间载体。提升小城镇服务农资农技、农产品交易等功能，合理配置集贸市场、物流集散地、农村电商平台等设施。

七、完善小农户扶持政策

（一）稳定完善小农户土地政策。保持土地承包关系稳定并长久不变，衔接落实好第二轮土地承包到期后再延长三十年的政策。建立健全农村土地承包经营权登记制度，为小农户"确实权、颁铁证"。在有条件的村组，结合高标准农田建设等，引导小农户自愿通过村组内互换并地、土地承包权退出等方式，促进土地小块并大块，引导逐步形成一户一块田。落实农村承包地所有权、承包权、经营权"三权"分置办法，保护小农户土地承包权益，及时调处流转纠纷，依法稳妥规范推进农村承包土地经营权抵押贷款业务，鼓励小农户参与土地资源配置并分享土地规模经营收益。规范土地流转交易，建立集信息发布、租赁合同网签、土地整治、项目设计等功能于一体的综合性土地流转管理服务组织。

（二）强化小农户支持政策。对新型农业经营主体的评优创先、政策扶持、项目倾斜等，要与带动小农生产挂钩，把带动小农户数量和成效作为重要依据。充分发挥财政杠杆作用，鼓励各地采取贴息、奖补、风险补偿等方式，撬动社会资本投入农业农村，带动小农户发展现代农业。对于财政支农项目投入形成的资产，鼓励具备条件的地方折股量化给小农户特别是贫困农户，让小农户享受分红收益。

（三）健全针对小农户补贴机制。稳定现有对小农生产的普惠性补贴政策，创新补贴形式，提高补贴效率。完善粮食等重要农产品生产者补贴制度。鼓励各地对小农户参与生态保护实行补偿，支持小农户参与耕地草原森林河流湖泊休养生息等，对发展绿色生态循环农业、保护农业资源环境的小农户给予合理补偿。健全小农户生产技术装备补贴机制，按规定加大对丘陵山区小型农机具购置补贴力度。鼓励各地对小农户托管土地给予费用补贴。

（四）提升金融服务小农户水平。发展农村普惠金融，健全小农户信用信息征集和评价体系，探索完善无抵押、无担保的小农户小额信用贷款政策，不断提升小农户贷款覆盖面，切实加大对小农户生产发展的信贷支持。支持农村商业银行、农村合作银行、村镇银行等农村中小金融机构立足县域，加大服务小农户力度。支持农村合作金融规范发展，扶持农村资金互助组织，通过试点稳妥开展农民合作社内部信用合作。鼓励产业链金融、互联网金融在依法合规前提下为小农户提供金融服务。鼓励发展为小农户服务的小额贷款机构，开发专门的信贷产品。加大支农再贷款支持力度，引导金融机构增加小农户信贷投放。鼓励银行业金融机构在风险可控和商业可持续的前提下扩大农业农村贷款抵押物范围，提高小农户融资能力。

（五）拓宽小农户农业保险覆盖面。建立健全农业保险保障体系，从覆盖直接物化成本逐步实现覆盖完全成本。发展与小农户生产关系密切的农作物保险、主要畜产品保险、重要"菜篮子"品种保险和森林保险，推广农房、农机具、设施农业、渔业、制种等保险品种。推进价格保险、收入保险、天气指数保险试点。鼓励地方建立特色优势农产品保险制度。鼓励发展农业互助保险。建立第三方灾害损失评估、政府监督理赔机制，确保受灾农户及时足额得到赔付。加大针对小农户农业保险保费补贴力度。

八、保障措施

（一）加强组织领导。各级党委和政府既要注重培育新型农业经营主体，又要重视发挥好小农户在农业农村现代化中的作用，把贯彻落实扶持引导小农户政策和培育新型农业经营主体政策共同作为农村基层工作的重要方面，在政策制定、工作部署、财力投放等各个方面加大工作力度，齐头并进，确保各项政策落到实处。

（二）强化统筹协调。农业农村部门要发挥牵头组织作用，各地区各有关部门要加强协作配合，完善工作机制，形成工作合力。将推进扶持小农户发展与实施乡村振兴战略、打赢脱贫攻坚战统筹安排，推动各项工作做实做细。

（三）注重宣传指导。做好政策宣传，加强调查研究，及时掌握小农户发展的新情况新问题，系统总结小农户与现代农业发展有机衔接的新经验新做法新模式，营造促进小农户健康发展的良好氛围。

农业农村部门要会同有关部门，对本意见实施落实情况进行跟踪分析和评估，重要工作进展情况及时向党中央、国务院报告。

附录2 中共中央、国务院关于深化供销合作社综合改革的决定

（2015 年 3 月 23 日）

供销合作社是为农服务的合作经济组织，是党和政府做好"三农"工作的重要载体。为深入贯彻落实党的十八大和十八届二中、三中、四中全会精神，加快推进农业现代化，促进农民增收致富，推动农村全面小康社会建设，现就深化供销合作社综合改革作出如下决定。

一、深化供销合作社综合改革的总体要求

（一）充分认识深化供销合作社综合改革的紧迫性重要性。当前，我国工业化信息化城镇化快速发展，农业现代化深入推进，农村经济社会发展进入新阶段。农业生产经营方式深刻变化，适度规模经营稳步发展，迫切要求发展覆盖全程、综合配套、便捷高效的农业社会化服务；农民生活需求加快升级，迫切要求提供多层次、多样化、便利实惠的生活服务。新形势下加强农业、服务农民，迫切需要打造中国特色为农服务的综合性组织。长期以来，供销合作社扎根农村、贴近农民，组织体系比较完整，经营网络比较健全，服务功能比较完备，完全有条件成为党和政府抓得住、用得上的为农服务骨干力量，要充分用好这支力量。同时必须看到，目前供销合作社与农民合作关系不够紧密，综合服务实力不强，层级联系比较松散，体制没有完全理顺，必须通过深化综合改革，进一步激发内生动力和发展活力，在发展现代农业、促进农民致富、繁荣城乡经济中更好发挥独特优势，担当起更大责任。

（二）指导思想和目标任务。深化供销合作社综合改革，必须贯彻落实党的十八大和十八届二中、三中、四中全会精神，以邓小平理论、"三个代表"重要思想、科学发展观为指导，深入贯彻习近平总书记系列重要讲话精神，紧紧围绕"三农"工作大局，以密切与农民利益联结为核心，以提升为农服务能力为根本，以强化基层社和创新联合社治理机制为重点，按照政事分开、社企分开的方向，因地制宜推进体制改革和机制创新，加快建成适应社会主义市场经济需要、适应城乡发展一体化需要、适应中国特色农业现代化需要的组织体系和服务机制，努力开创中国特色供销合作事业新局面。

到 2020 年，把供销合作社系统打造成为与农民联结更紧密、为农服务功能更完备、市场化运行更高效的合作经济组织体系，成为服务农民生产生活的生力军和综合平台，成为党和政府密切联系农民群众的桥梁纽带，切实在农业现代化建设中更好地发挥作用。

（三）基本原则

——坚持为农服务根本宗旨。始终把服务"三农"作为供销合作社的立身之本、生存之基，把为农服务成效作为衡量工作的首要标准，做到为农、务农、兴农。

——坚持合作经济基本属性。按照合作制要求，充分尊重农民意愿，推动多种形式的联合与合作，实行民主管理、互助互利。

——坚持社会主义市场经济改革方向。发挥市场在资源配置中的决定性作用，顺应市场经济规律，更多运用经济手段开展经营服务，逐步探索联合社企分开的途径，增强经济实力和市场竞争能力。同时，服务"三农"工作大局，体现党和政府的政策导向，履行好社会责任。

——坚持因地制宜、分类指导。鼓励大胆探索、试点先行，允许从实际出发采取差异性、过渡性的制度和政策安排，给基层更多的选择权，不搞"一刀切"，不追求一步到位，确保改革积极稳妥、有序推进。

二、拓展供销合作社经营服务领域，更好履行为农服务职责

供销合作社要把为农服务放在首位。面向农业现代化、面向农民生产生活，推动供销合作社由流通服务向全程农业社会化服务延伸、向全方位城乡社区服务拓展，加快形成综合性、规模化、可持续的为农服务体系，在农资供应、农产品流通、农村服务等重点领域和环节为农民提供便利实惠、安全优质的服务。

（四）创新农业生产服务方式和手段。围绕破解"谁来种地""地怎么种"等问题，供销合作社要采取大田托管、代耕代种、股份合作、以销定产等多种方式，为农民和各类新型农业经营主体提供农资供应、配方施肥、农机作业、统防统治、收储加工等系列化服务，推动农业适度规模经营。创新农资服务方式，推动农资销售与技术服务有机结合，加快农资物联网应用与示范项目建设。充分发挥供销合作社科研院所、庄稼医院、职业院校在农业技术推广和农民技能培训中的积极作用。积极承担政府向社会力量购买的公共服务。

（五）提升农产品流通服务水平。加强供销合作社农产品流通网络建设，创新流通方式，推进多种形式的产销对接。将供销合作社农产品市场建设纳入全国农产品市场发展规划，在集散地建设大型农产品批发市场和

现代物流中心，在产地建设农产品收集市场和仓储设施，在城市社区建设生鲜超市等零售终端，形成布局合理、联结产地到消费终端的农产品市场网络。积极参与公益性农产品批发市场建设试点，有条件的地区，政府控股的农产品批发市场可交由供销合作社建设、运营、管护。继续实施新农村现代流通服务网络工程建设，健全农资、农副产品、日用消费品、再生资源回收等网络，加快形成连锁化、规模化、品牌化经营服务新格局。顺应商业模式和消费方式深刻变革的新趋势，加快发展供销合作社电子商务，形成网上交易、仓储物流、终端配送一体化经营，实现线上线下融合发展。

（六）打造城乡社区综合服务平台。适应新型城镇化和新农村建设要求，加快建设农村综合服务社和城乡社区服务中心（站），为城乡居民提供日用消费品、文体娱乐、养老幼教、就业培训等多样化服务。统筹整合城乡供销合作社资源，发展城市商贸中心和经营服务综合体，提升城市供销合作社沟通城乡、服务"三农"的辐射带动能力。发挥供销合作社优势，大力发展生态养生、休闲观光、乡村旅游等新兴服务业。积极参与美丽乡村建设，规范建设再生资源回收网点，促进资源循环和高效利用，改善城乡生态环境。

（七）稳步开展农村合作金融服务。发展农村合作金融，是解决农民融资难问题的重要途径，是合作经济组织增强服务功能、提升服务实力的现实需要。有条件的供销合作社要按照社员制、封闭性原则，在不对外吸储放贷、不支付固定回报的前提下，发展农村资金互助合作。有条件的供销合作社可依法设立农村互助合作保险组织，开展互助保险业务。允许符合条件的供销合作社企业依照法定程序开展发起设立中小型银行试点，增强为农服务能力。鼓励有条件的供销合作社设立融资租赁公司、小额贷款公司、融资性担保公司，与地方财政共同出资设立担保公司。供销合作社联合社、金融监管部门和地方政府要按照职责分工，承担起监管职责和风险处置责任，切实防范和化解金融风险。

三、推进供销合作社基层社改造，密切与农民的利益联结

基层社是供销合作社在县以下直接面向农民的综合性经营服务组织，是供销合作社服务"三农"的主要载体。要按照强化合作、农民参与、为农服务的要求，因地制宜推进基层社改造，逐步办成规范的、以农民社员为主体的合作社，实现农民得实惠、基层社得发展的双赢。

（八）强化基层社合作经济组织属性。通过劳动合作、资本合作、土地合作等多种途径，采取合作制、股份合作制等多种形式，广泛吸纳农民

和各类新型农业经营主体入社，不断强化基层社与农民在组织上和经济上的联结。按照合作制原则加快完善治理结构，落实基层社社员代表大会、理事会、监事会制度，强化民主管理、民主监督，提高农民社员在经营管理事务中的参与度和话语权。拓宽基层社负责人选任渠道，鼓励村"两委"负责人、农村能人等入社参选。规范基层社和农民社员的利益分配关系，建立健全按交易额返利和按股分红相结合的分配制度，切实做到农民出资、农民参与、农民受益。

（九）加快推进基层社改造。经济实力较强的基层社要扩大服务领域，积极发展生产合作、供销合作、消费合作、信用合作，加快办成以农民为主体的综合性合作社。对经济实力较弱的基层社，要采取政策引导、联合社帮扶、社有企业带动等多种方式，着力提升服务能力，通过服务密切与农民的联系，不断强化与农民的联合与合作。根据农民需求和供销合作社实际，逐步将已经承包或租赁的基层社网点纳入供销合作社经营服务体系；在没有基层社的地区加快经营服务网点建设，新建基层社要按照合作制原则规范创办。

（十）领办创办农民专业合作社。通过共同出资、共创品牌、共享利益等方式，创办一批管理民主、制度健全、产权清晰、带动力强的农民专业合作社。在自愿的前提下，引导发展农民专业合作社联合社，充分发挥供销合作社综合服务平台作用，带动农民专业合作社围绕当地优势产业开展系列化服务。加强基层社与农村集体经济组织、基层农技推广机构、龙头企业等合作，形成服务农民生产生活的合力。

（十一）加强对基层社发展的扶持。国家扶持供销合作社的政策要向基层社倾斜，各级联合社资源要更多投向基层社。支持基层社作为相关涉农政策和项目的实施主体，承担公益性服务。支持符合条件的基层社作为农民专业合作社进行工商登记注册，允许财政项目资金直接投向注册后的基层社，允许财政补助形成的资产转交注册后的基层社持有和管护。

四、创新供销合作社联合社治理机制，增强服务"三农"的综合实力

联合社是供销合作社的联合组织，肩负着领导供销合作事业发展的重要职责。各级联合社要深化体制改革，创新运行机制，理顺社企关系，密切层级联系，着力构建联合社机关主导的行业指导体系和社有企业支撑的经营服务体系，形成社企分开、上下贯通、整体协调运转的双线运行机制。

（十二）构建联合社主导的行业指导体系。中华全国供销合作总社要

充分发挥领导全国供销合作事业发展的作用，贯彻落实党中央、国务院"三农"工作方针政策，研究制定发展战略和规划，指导服务全系统改革发展，代表中国合作社参与国际合作社联盟事务。省级和市地级联合社要加强本区域内供销合作社的行业管理、政策协调、资产监管、教育培训，贯彻落实好上级社和地方党委、政府的决策部署。县级联合社要组织实施好基层社改造，强化市场运营，搞好直接面向农民的生产生活服务网点建设。

加强联合社层级间的联合合作，强化联合社为成员社服务、为基层社服务的工作导向。落实县级以上联合社对成员社的资产监管职责，建立成员社对联合社的工作评价机制，完善联合社对成员社的工作考核机制。做实供销合作社合作发展基金，各级联合社当年社有资产收益，按不低于20％的比例注入本级供销合作社合作发展基金。省、市地、县级联合社在自愿的基础上，将本级合作发展基金的一部分上缴上一级联合社合作发展基金，统筹用于基层社建设和为农服务。抓紧制定合作发展基金运行和管理办法，确保出资成员权责明确，基金运行公开透明、规范高效。

（十三）构建社有企业支撑的经营服务体系。深化社有企业改革，规范治理结构，增强社有企业发展活力和为农服务实力。加快完善现代企业制度，健全法人治理结构，建立与绩效挂钩的激励约束机制。加强各层级社有企业间的产权、资本和业务联结，推进社有企业相互参股，建立共同出资的投资平台，推动跨区域横向联合和跨层级纵向整合，促进资源共享，实现共同发展。推进社有企业并购重组，在农资、棉花、粮油、鲜活农产品等重要涉农领域和再生资源行业，培育一批大型企业集团。社有企业改革要公开透明、规范操作，要有"防火墙""隔离带"，切实防止社有资产流失。允许上级社争取的同级财政扶持资金依法以股权形式投入下级社。支持社有企业承担化肥、农药等国家储备任务，鼓励符合条件的社有企业参与大宗农产品政策性收储。

（十四）理顺联合社与社有企业的关系。联合社机关要切实把握好社有企业为农服务方向，加强社有资产监管，促进社有资产保值增值；社有企业要面向市场自主经营、自负盈亏。各级供销合作社理事会是本级社有资产和所属企事业单位资产的所有权代表和管理者，理事会要落实社有资产出资人代表职责，监事会要强化监督职能。联合社机关成立社有资产管理委员会，按照理事会授权，建立社有资本经营预算制度，并接受审计机关和同级财政部门的监督，以管资本为主加强对社有资产的监管。采取委派法人代表管理和特殊管理股股权管理等办法，探索联合社机关对社有企业的多种管理方式。探索组建社有资本投资公司，优化社有资本布局，重点投向为农服务领域。在改革过渡期内，联合社机关参照公务员法管理的人员确因工作需要，经有关机关批准可到本级社有企业兼职，但不得在企业领取报酬。

（十五）创新联合社治理结构。按照建设合作经济联合组织的要求，优化各级联合社机关机构设置、职能配置，更好运用市场经济的手段推进工作，切实履行加强行业指导、落实为农服务职责、承担宏观调控的任务。稳定县及县以上联合社机关参照公务员法管理。对参照公务员法管理的联合社机关新进的相关工作人员，按照公务员法有关规定，经批准可探索实行聘任制。允许不同发展水平的联合社机关选择参公管理模式或企业化管理模式。对实行企业化运营的，应该进行不再纳入编制管理的试点。管理模式的选择和开展试点要积极稳妥，严密程序，经批准后实施。大力发展行业协会，实现协会与联合社融合互补、协同发展。

着力推进县级联合社民主办社、开放办社，逐步把县级联合社办成基层社共同出资、各类合作经济组织广泛参与、实行民主管理的经济联合组织。创新县级联合社运行机制，逐步建立市场化的管理体制、经营机制、用人制度，选择有条件的县级联合社进行实体性合作经济组织改革试点。统筹运营县域内供销合作社资源，打造县域范围内服务农民生产生活的综合平台，着力培育规模化服务优势。

五、加强对供销合作社综合改革的领导

重视和加强供销合作事业，是党和政府做好"三农"工作的传统和优势。要站在加快推进中国特色农业现代化、巩固党在农村执政基础的战略高度，树立重视供销合作社就是重视农业、扶持供销合作社就是扶持农民的理念，加快推进供销合作社综合改革，继续办好供销合作社。

（十六）各级党委、政府要落实领导责任。把深化供销合作社综合改革纳入全面深化改革大局统筹谋划、协调推进，把握好节奏和力度，精心组织，抓好落实。深入开展调查研究，及时发现和解决改革过程中的苗头性、倾向性问题，确保供销合作社通过综合改革进一步得到加强。积极稳妥推进供销合作社综合改革试点，努力形成可复制、可推广的经验做法，各级财政要给予必要支持。各省（自治区、直辖市）改革试点方案要履行报批手续，中央农村工作领导小组统筹协调把关供销合作社综合改革工作。重视和加强供销合作社领导班子建设，选拔素质高、能力强的干部充实到各级联合社领导班子，特别是选好配强县级联合社领导班子。探索具有合作经济组织特点的干部人事管理制度。

（十七）加大对供销合作社综合改革的支持力度。有关部门要关心支

持供销合作社改革发展，按照职能分工，落实好相关配套措施，形成推进供销合作社综合改革的合力。对已出台的扶持政策，要逐项梳理，加强督促检查，确保落实到位。中央财政要继续支持新农村现代流通服务网络工程建设，通过现有资金渠道支持供销合作社组织实施农业社会化服务惠农工程。加大国家农业综合开发对供销合作社新型农业社会化服务体系和产销对接等项目建设的支持力度。加强对财政投入资金的管理和审计监督。各级地方政府要按照有关规定，抓紧落实处理供销合作社财务挂账、金融债务、社有企业职工社会保障等历史遗留问题。保持供销合作社组织体系和社有资产完整性，任何部门和单位不得违法违规平调、侵占供销合作社财产，不得将社有资产纳入地方政府融资平台，不得改变供销合作社及其所属企事业单位的隶属关系。

（十八）确立供销合作社的特定法律地位。在长期的为农服务实践中，供销合作社形成了独具中国特色的组织和服务体系，组织成分多元，资产构成多样，地位性质特殊，既体现党和政府政策导向，又承担政府委托的公益性服务，既有事业单位和社团组织的特点，又履行管理社有企业的职责，既要办成以农民为基础的合作经济组织，又要开展市场化经营和农业社会化服务，是党和政府以合作经济组织形式推动"三农"工作的重要载体，是新形势下推动农村经济社会发展不可替代、不可或缺的重要力量。为更好发挥供销合作社独特优势和重要作用，必须确立其特定法律地位，抓紧制定供销合作社条例，适时启动供销合作社法立法工作。

（十九）加强供销合作社自身建设。各级供销合作社要切实增强深化综合改革的自觉性主动性，转变行政化的思维方式和工作方法，用改革的思路和市场的办法不断破解体制机制难题，着力在关键环节和重点领域取得突破。加强供销合作社人才队伍建设，广泛吸引各类经营管理和专业技术人才，着力培养一批懂市场、会管理的优秀企业家，造就一支对农民群众有感情、对合作事业有热情、对干事创业有激情的高素质干部职工队伍。巩固供销合作社系统党的群众路线教育实践活动成果，切实加强和改进作风。大力弘扬"扁担精神""背篓精神"等优良传统，推进供销合作社文化建设，汇聚起推动供销合作事业发展的强大精神力量。